언론 혐오 사회

일러두기
신문사, 잡지사, 방송사를 뜻하는 '언론사'를 '언론'과 혼용하여 사용했다.
뉴스 편집, 검토와 선택을 뜻하는 용어로 데스킹과 게이트키핑을 혼용하여 사용했다.
언론중재법 개정안 일부 내용은 원문을 그대로 실었다.
본문의 주는 편집인의 주이다.

팩트도 정의도 기자도 없다

언론
혐오
사회

정상근 지음

행성B

차례

프롤로그 _ 모든 개혁은 파괴보다 어렵다　　　　　　　　　　　　8

① 돈을 좇는 언론, 시간에 쫓기는 기자

뉴스는 있는데 기자가 없다　　　　　　　　　　　　　　　　20
취재할 시간이 없는 기자들　　　　　　　　　　　　　　　　27
기자들이 득실대는 곳, '출입처'　　　　　　　　　　　　　　34
코로나19 보도, 선정적 언론의 민낯　　　　　　　　　　　　43
문제는 알지만, 돈은 포기할 수 없다　　　　　　　　　　　　50

② 강자 옆에 붙은 뉴스

강자 옆에 붙은 뉴스　　　　　　　　　　　　　　　　　　　58
'염치 불고하고' 삼성에 머리 조아린 언론　　　　　　　　　　62
'뼁 뜯는' 기자, 직원에게 '강매'하는 언론　　　　　　　　　　69
기자들은 왜 싸가지가 없나요?　　　　　　　　　　　　　　78
임자운 변호사 인터뷰 _ 나쁜 기자 비난보다, 좋은 기자 발견이 먼저　86

3 족쇄가 된 조직, 그리고 기레기

과거에도 있었지만 과거와는 다른, 언론 불신	104
세월호 참사, 기레기가 된 언론들	110
카메라 밖에서만 질문하는 기자들과 '오프 더 레코드'	116
누구를 위한 엠바고인가?	123
커뮤니티 저널리즘, 염치도 윤리도 없는 조회 수 경쟁	133
요새는 서울대 안 나와도 기자 합니까?	142
언론사엔 아저씨들만 '바글바글'	151
손가영 기자 인터뷰 _ 기자 단톡방 사건 이후, 언론은 변하고 있을까	155
데스킹으로 충돌하는 편집국·보도국	162
'레거시 미디어'는 생존할 수 있을까?	170

❹ 뉴미디어의 걸림돌들

뉴스는 언제부터 '공짜'였을까?　　　　　　　　　　　　　176
'확증편향'이라는 공허한 말　　　　　　　　　　　　　　186
기자들은 왜 '징벌적 손해배상'을 반대하는가?　　　　　　196
개혁은 하는 거지, 당하는 게 아니다　　　　　　　　　　208
심인보 기자 인터뷰_
믿을 수 있는 탐사보도, '뉴스타파'의 경쟁력은 시간이다　　216

5 물러설 곳 없는 개혁

문제는 '포털'이다	228
포털에서 탈출하라	236
출입처를 버리자	246
'정경사'를 벗어나라	252
수직이 아니라 수평으로	259
'정파성'에서 벗어나려면	266
독립언론이 되려면	272
정준희 교수 인터뷰_	
공영 미디어의 과감한 변화와 개인 저널리스트 등장이 희망이다	279
에필로그 _ 돌아와요, 뉴스여	304

프롤로그

모든 개혁은
파괴보다 어렵다

 머리가 커서 그런가, 저녁만 되면 머리가 무거워졌다. 몸은 널브러져 쉬고 있는데 머리는 고장 난 시계처럼 돌다 멈추기를 반복했다. 오늘은 어떻게 무사히 지나갔는데 내일 나는 뭘 해야 하나, 뭘 취재해서 무슨 기사를 어떻게 써야 하나…….

 머리 식히자며 예능 프로그램 보고 깔깔대고는 있지만 머릿속은 온통 그 생각뿐이었다. '당장 내일 아침에 부장에게 이 기사, 저 기사 쓰겠다고 보고해야 하는데 이게 기삿거리가 되나, 저건 또 쓸 만한 건가, 지금 내가 뭘 하는 건가, 이게 사는 건가, 맥주 한잔 마시면 좀 쉴 수 있으려나.' 매일 같이 이런 의식의 흐름이 이어지며 결국 살이 찌고 말았다는 슬픈 스토리.

 그런데 내일 쓸 기사가 오늘 생각날 리 없다. 내일은 아직

오지 않았고 아무 일도 일어나지 않았다. 내일 있을 것 같은 일을 오늘 고민해야 한다니. 그럼 뉴스라는 것은 '발생하는 것'인가, '만들어지는 것'인가?

아침에 보고할 수 있는 기사는 뻔하다. "오늘 어떤 일이 있을 거예요. 그러니 거기나 가볼게요" 혹은 "어제 무슨 일이 있었으니까 오늘 이런 일이 벌어지겠죠?"라거나, "이러저러한 주제로 오늘 기사 하나 만들어볼게요" 하는 것들…… 그 정도다.

사실 그건 뉴스가 아니다. 어제의 일은 어제의 일이고 오늘 무슨 일이 벌어질지는 아무도 모른다. 오늘 예정된 기자회견이 있다고 하지만 사람들이 관심을 가질지 안 가질지는 알 수도 없다. 그래도 기자라면 응당, 아침에 보고를 해야 했다. 그것이 정해진 '룰'이었다.

이 룰은 필연적으로 부작용을 부른다. 우선 그날의 아침 보고에 하루 취재가 얽매인다. 아침 보고와 저녁의 결과물이 늘 같은 것은 아니지만, 아침 보고는 족쇄였다. 소규모 편집국에서는 적어도 그랬다. 기자 수가 많지 않고 기사 수가 적으면, 부장과 국장 같은 '데스크'들은 아침에 보고한 기사가 올라올 때만을 손가락 빨며 기다린다. 온종일 뉴스 따라다니다가 퇴근 종이 울렸는데, "우리 기자님 고생했다"면서도 "그런데 아침에 보고한 건 왜 안 올라오냐"며 데스크들은 천진난만하게 묻는다. 그들에게 퇴근 알람용 시계 사줄 돈은 없으니, 그냥 야근에 돌입하고 만다. 누구 욕할 것도 없다. 내가 데스크일 때도 똑같이 그랬다.

수백여 개의 매체가 보나 마나 한 똑같은 뉴스를 쏟아내는 가운데 우리는 저런 저널리즘 파괴자들과는 다르다며 자부해댔지만, 정작 네이버나 다음에서 우리만 기사 업데이트가 안 되고 있으면, 지구가 멸망하는 것 같은 기분이 든다.

그런데 기자들이나 한 시간에 두세 번씩 뉴스를 들여다보지, 솔직히 자기 일하기 바쁜 대부분의 사람들은 이 매체가 다른 매체에 비해 기사 업데이트가 늦다거나, 한 시간 동안 이 매체에서 몇 개의 기사가 올라왔다거나 하는 것에 관심을 가질 리 없다.

정작 사람들은 주름이 두 개인지 세 개인지 관심도 없는데, 휴가 나온다고 혼자 열심히 군복에 칼주름 만들고 있는 마음이랄까? 의미 없는 피곤함에 스스로를 괴롭힌다.

그래서 나도 결국 저널리즘의 파괴자가 되어 뭐라도 쓰고 뭐라도 올려야 했다. 하지만 그렇다고 기레기 대환장 파티를 벌일 수는 없으니 머릿속만 한없이 복잡해질 수밖에.

언론사의 책임자들은 많이 읽히면서도 이왕이면 파이팅 넘치고, 또 가급적이면 사회에 묵직한 주제를 던져야 하고, 무엇보다 새로운 팩트도 있어야 한다고 떠들어 댄다. 하지만 그건 박진감 넘치는 중동축구를 보는 것만큼이나 어렵다. 그러니 별 것 아닌 팩트에 언론에서 떠들지 않으면 모를 개인의 SNS나 퍼와서, 자극적인 제목으로 '단독'이니 '속보'니 하는 것이다. 뭐, 내심 이해도 된다.

'기자라는 직업을 갖고 싶다'는 생각을 처음 했을 때, 이런 삶을 꿈꿨던 것은 아니었다. 기자라는 직업이 불러일으키는 환상, 나에게도 분명 그런 것이 있었다. 약자와 소수자에 대한 고민, 사회 모순에 대한 기록, 불평등에 대한 저항을 세상에 말하고 싶었다. 조금 더 구체적으로는 많은 사람을 만나 그들의 이야기를 듣고, 쓰고, 확인하고 싶었다.

그런데 그게 어려웠다. 아주 간단하고 당연한 일 같은데도 실천하기가 쉽지 않았다. 가장 큰 이유는 나 자신이 게으르고 무능했다는 것이었겠지만, 다양한 사람들의 이야기를 들을 여건도 되지 않았다. 우리는 기록 노동자가 아니라 생산 노동자였다. 하루하루 데스크에 납품해야 하는 기사의 개수가 있었다. 1명의 기자가 하루 100개의 기사를 만들었다는 얘기는 기자들 사이에서도 조롱거리지만, 한편으로는 웃기만은 어려운 현실이기도 하다.

지금 한국 언론을 둘러싼 모든 문제는 바로 여기서 출발한다. 명색이 기자가 인터넷만 긁어 기사를 만들어낼 수는 없으니, 그럴듯한 기사를 빠르게 많이 쓰는 방법은 출입처에서 떨어지는 은혜로운 보도자료나 정보에 의존하는 것뿐이다. 출입처에 의존하니 기자들이 광화문이나 여의도에만 득실거리고, 정작 이야기할 통로가 필요한 국민은 기자를 만나는 것조차 쉽지 않다.

하루에도 몇 명의 노동자가 산업 현장에서 사망하고, 생활고를 해결할 길이 없는 사람들이 스스로 목숨을 끊고 있지만, 이 문제가 조명되는 것은 그들이 이미 세상을 떠난 뒤다. 연예인이 헤어스타일을 바꿨다는 기사가 수십 개씩 쏟아지고, 정치인이 전통시장에서 떡볶이 먹는 사진은 수천 장 나오지만, 택배 노동자들의 고통이 전해진 것은 이미 수십 명이나 돌아가신 뒤였다.

나는 비교적 작은 매체에서만 일해 왔다. 짧지만 지역신문에도 있었고, 국내에서 기자들이 가장 많이 몰려 있는 출입처

중 하나인 국회에서도 5년 정도 일했다. 이후 미디어 비평지에서 7년 정도 일하면서, 거대한 언론사가 어떻게 돌아가고 있는지 간접적으로나마 체험했다.

그 십수 년간의 시간 동안 언론을 둘러싼 환경은 그야말로 천지개벽 수준으로 바뀌었다. 이제 누구도 지하철에서 신문을 읽지 않고, 누구도 안방에서 TV를 틀고 9시 뉴스를 보지 않는다. 많은 분이 언론을 믿지 않고 좋아하지도 않는다. 또 많은 분이 아예 기자라는 직업인이 필요 없다고 생각한다. 수천만 국민의 손에 수천만 개의 카메라가 쥐어져 있고, 누구나 기사를 그들만의 플랫폼에 전송해 세상 누구보다 빠르고 정확하게 상황을 전달한 수 있는 시대가 됐기 때문이다.

그런데 역설적으로, 지금은 여전히 뉴스가 필요한 시대다. 개개인이 만드는 수많은 콘텐츠가 뉴스를 기반으로 하고 있고, 수많은 사실이 혼란스럽게 널려 있어 사실을 진실로 꿰어맞춰야 한다는 요구도 뜨겁다. 한두 명의 노력으로 만들어 낼 수 없는 뉴스도 있고, 게이트키핑 기능이 있는 저널리즘은 분명 힘이 있다. 그래서 지금 이 시대, 많은 시민이 언론을 향해 요구하는 것은 '언론 개혁'이지, '언론 박멸'이 아니다.

모든 개혁은 파괴보다 어렵다. 언론 개혁도 마찬가지다. 민주화 이후 사회 내부의 이해관계는 매우 다양해졌다. 외부로부터의 개혁은 다른 이해관계 때문에 언론 탄압으로 비쳐질 소지가 있고, 내부로부터의 개혁은 언론사 내부의 이해관계로 인해 쉽지 않다.

특히 많은 사람에게 커다란 영향을 미치는 거대 언론사들은 빠른 변화에 맞추기엔 몸집이 너무나 크다. 단 1명이 만드는 유튜브 콘텐츠와 고임금 정규직 언론인 여러 명이 만드는 콘텐츠는 기술적 차이를 보여줄 수 있지만, 콘텐츠가 범람하는 이 시기에 투자금만큼 수익의 차이를 만들어내지는 못한다. 덩치가 클수록 조직은 비효율적이다.

신문사에게는 더더욱 커다란 고민이다. 저임금 아르바이트 기자 10명이 만들어내는 콘텐츠가 때로는 수백 명의 기자가 생산하는 콘텐츠보다 온라인상에서 더 많이 읽히는 경우가 있다. 물론 그 콘텐츠의 질적 가치에는 차이가 있을 수 있겠지만, 오히려 수익은 저임금 아르바이트생들이 만들어내는 다량의 콘텐츠가 더 많이 올릴 수도 있다. 또 지금 이 시대에, 대형 언론사에서 수백 명이 만드는 콘텐츠가 신뢰 받고 있는 것도 아니다.

더 근본적으로는 수익을 떠나 언론사 내부 수많은 종사자의 이견을 조율하고, 이해관계를 반영한다는 것도 불가능하다. 민주주의의 발전에 따른 자연스러운 현상이지만 누군가의 눈으로, 손으로, 생각으로 이루어지는 기사의 제조 과정 특성상, 개개인의 개성과 특성이 더 드러날 수밖에 없다.

같은 매체에서 작성된 기사라고 해도 누군가의 기사는 다른 누군가에게 아무 의미 없는 기사로 받아들여지고, 성명서가 붙고, 탄핵을 당한다. 이걸 데스크라는 이름의 단 1명의 상급자가 조율한다? 민주적 절차가 강한 언론사일수록 더욱 쉽지 않을 것이다. 민주적 절차가 부족한 언론사는 말할 필요도 없다. 수많은 기자가 특정 이익을 위해 달려들고 있으니, 그 이해관계에서 벗어난 독자들에게 신뢰받을 수조차 없다.

그렇다고 작은 매체는 변화에 대응하기 쉽나? 그 역시 그렇지 않다. 일부 매체를 제외하고 대부분의 작은 매체 생존 방법이 포털에서의 어뷰징 정도인 현실을 감안하면, 이들로부터의 언론 개혁, 의미 있는 변화는 기대도 할 수 없다. 작은 매체들이 '저널리즘'을 목표로 하더라도 결국 목적은 '생존'으로 귀결된다.

여기까지가 그동안 언론사에서 일해 오며 고민해왔던 것들의 요지다. 앞으로 이 책의 전개는 이 고민을 바탕으로 이루어진다.

왜 많은 분이 언론을 싫어하고, 언론 개혁을 요구하고 있고, 언론사는 그걸 알면서도 개혁하지 못할까? 그럼에도 불구하고 왜 뉴스가 필요하고 언론은 어떻게 바뀌어야 하는가? 내가 아니더라도 이것은 이미 많은 사람이 고민하는 주제지만, 그 답을 찾기는 쉽지 않다. 그러니 나 같은 사람이 그 답을 찾았을 리도 없다. 다만 별것 아닌 한 기자의 경험과 고민이 그 답을 찾아 나가는 데 조금이라도 도움이 됐으면 좋겠다.

이런 긴 글을 쓰는 데 시간이 무척 오래 걸렸다. 요즘 글을 쓰는 것보다 말을 하는 경우가 더 많아서 그런지, 글자만 보면 빈혈 증세가 나왔다. 또 바쁜 방송인(?)이 10분, 20분 중간에 짬을 내 글을 쓰다 보니 하루에 한두 문장 쓰기에도 바빴고, 그 한두 문장이라도 쓰려면 앞선 내용을 다 읽어야 했다.

바쁜 것도 바쁜 것이나, 사실 이런 지난한 과정을 거쳤던 가장 큰 이유는 나 스스로도 명쾌한 해답을 찾지 못했기 때문이다. 또 가진 경험이 일천하다 보니 내 경험을 일반화시키는 것이 무척이나 곤혹스러웠다. 무엇보다 나도 제대로 하지 못했는데 내가 심판자처럼, 저널리즘의 화신처럼 보이는 것만은 어떻게든 피하고 싶어 단어 하나, 문장 한 줄을 한 땀 한 땀 기워내는 마음으로 썼다.

그러다 보니 출판사와 약속한 시각을 훌쩍 뛰어넘었다. 오랫동안 기다려준 행성B 출판사 분들에게 진심으로 감사를 드린다. 그 인내심에 또한 경의를 표한다. 기자로서 경험을 갖게 해줬던 내가 겪어왔던 매체들, (실은 무척 좋은 곳이었다) 레디앙과 미디어오늘은 누가 뭐래도 내 소중한 추억이다. 지금 내가 일하고 있는 여러 방송사에는 내가 이런저런 일을 하면서 소홀한 부분이 있지 않았을까 죄송한 마음이다.

무엇보다 인천 부모님들 그리고 수원 부모님들께 감사의 마음을 전하고 싶다. 그리고 내가 한 자 한 자 써 내려가는 1분 1초가 그대로 독박육아 시간이었던 사랑하는 우리 수진이, 그리고 사랑하는 아들 지온이에게 이 책의 인세를 바친다.

1

돈을 좇는 언론,
시간에 쫓기는 기자

"

뉴스는 있는데
기자가 없다

언론사와 기자들은 소비자인 국민보다
권력과 가깝다.
대부분의 기자는 대한민국의 서울,
그중에서도 권력의 중심인
사대문 안쪽에 몰려 있다.

힘들고 억울한 사람 곁에 기자가 없는 이유

우리 중 대부분은 노동을 한다. 노동을 해야 돈을 벌고 그래야 삶을 살 수 있다. 그래서 대부분의 사람이 새벽부터 몸을 일으키고, 꽉 막힌 도로나 북적북적한 지하철을 견디며 일터에 간다. 이렇게 잠자는 시간을 제외하고 하루의 절반 이상을 일을 하거나, 일하기 위해 이동하면서 시간을 쓴다.

'노동'이란 단어가 멀게 느껴지지만, 노동은 우리의 일상이고 우리의 삶이다. 그런데 2020년 한 해 동안, 그 일상을 보내다가 무려 882명이 집에 돌아가지 못했다. 공식 산업재해로 집계된 사고만 해도 그렇다. 이 사고는 대부분이 50인 미만 사업장에서 발생했고 건설업에서 절반 가까이 일어났다. 떨어져 돌아가신 분들이 328명으로 거의 하루에 1명꼴이고 끼어서, 부딪혀서, 뭔가에 맞아서, 깔려서 죽은 사람이 수십 명에 이른다.

특히 최근 택배 노동자들의 죽음이 사회적으로 큰 논란이 됐다. 2020년 한 해에만 16명의 택배 노동자가 사망했다. 우리 사회에 택배 노동자가 등장한 것이 십수 년 전이고, 그동안 택배 노동자들은 업무가 지나치게 과중하다고 수차례 호소했다. 집회나 시위를 통해 목소리도 냈다. 그런데 우리는 이분들 몇 명이 세상을 떠나고 나서야, 택배 노동자들이 목숨 걸고 일하고 있다는 사실을 언론을 통해 접했다.

우리 언론은 정치인들과 연예인들은 개인 SNS 글까지 퍼다 나르지만, 택배 노동자 수만 명의 삶에는 관심을 두지 않았다. 이유는 간단하다. 정치인과 연예인 SNS는 적은 노동력을 투입하고도 대중으로부터 많은 관심을 받을 수 있다. 반면 택배 노동자가 어떻게 살고 있는지, 왜 이렇게 살아야 하는지 취재하는 과정은 길고 복잡하지만 대중으로부터 관심을 받을 가능성이 낮다.

코로나19로 많은 아동이 학교에 가지 못하고 집에서 컴퓨터나 태블릿PC로 원격수업을 듣고 있다. 원격수업에 들어간다는 보도자료나 정부 부처의 발표는 수만 가지의 기사로 쏟아져 나왔다. 하지만 정작 원격수업을 받는 아동들이 어떤 상대에 놓여 있는지, 혹시 원격수업이 부모의 재력에 따라 어떤 격차를 만들어내는지, 아동들의 상태를 보고 이야기를 담은 기사는 찾아보기 어렵다.

대중의 관심을 끄는 기사를 쓸 수밖에 없는 것 아니냐, 이렇게 항변할 수도 있겠다. 그런데 정치인과 연예인의 자극적인 SNS 기사가 범람하는 시대를 언론이 만들어 놓고, 우리 이웃들의 이야기를 대중이 보지 않는다고 푸념하는 것은 무책임하고 비겁하다. 단짠단짠이 판치는 시대를 만들어 놓고 비타민과 무기질을 외면한다면, 건강 망치는 것은 시간 문제다.

그럼 '대중의 관심'은 잠시 접어두고 왜 언론은 대중의 삶에 관한 이야기를 하지 않을까? 이 궁금증을 해소하기 위해선, 지금 언론과 기자들이 어디에 있는지를 들여다봐야 한다.

서울 사대문 안
정치인, 관료, 재벌 곁에 있는 언론

언론사와 기자들은 소비자인 국민보다 권력과 가깝다. 사회를 뒤흔드는 정보 대부분은 권력을 지니고 있고, 권력으로부터 정보를 취득해 내보내는 기자는 '특종 기자'가 된다. 권력 밖에서 사건을 취재하고 현실을 분석하는 기자들도 있지만, 대부분의 기자는 대한민국의 서울, 그중에서도 권력의 중심인 사대문 안쪽에 몰려 있다.

자연스럽게 기자들이 접촉하는 대상은 언론이 필요한 국민이 아니라, 정치인이나 관료들이 된다. 언론은 대한민국을 움직이는 사람들이 국민이라고 보지 않고, 정치인이나 관료 혹은 재벌이라고 생각한다. 신문 대신 포털에서 공짜뉴스를 보고 있는 지금 이 시대, 이들에게 붙어 있는 편이 금전적으로도 훨씬 이득이다.

예를 들어보자. 사실 언론사는 일상이 회의다. 대면이든 카톡이든 일단 회의부터 하고 일을 시작한다. 오늘은 어떤 기사를 내보내고 그 기사는 어떻게 다룰지를 논의한다. 큰 매체일수록 이 프로세스가 강력하다. 그리고 언론이 회의에서 다루는 주제는 (부서별로 다르지만) 대체로 우리 삶에 큰 영향을 미치는 것들임은 틀림없다. 하지만 우리 삶과 연결된 이 중대한 문제들에 관한 기사를 쓸 때, 어떤 식으로 이 문제를 조망할지, 어떤 결론을 낼지 결정하는 것은 그 매체에 근무하는 데스크와 기자들이다. 사회 전반에 걸친 문제를 아주 좁고 제한된 식견을 가진 사람들끼리, 대체로 동일한 이해관계가 얽혀 있는 사람들끼리 논의하고 결정한다.

그렇게 결정된 기사의 방향은 역시 제한된 정보와 의견의 틀 안에서 작성된다. 부동산 문제에 관한 기사를 쓴다고 예를 들어보자. 국토부에 출입하는 기자가 국토부의 자료를 받아서, 함께 국토부에 출입하는 기자 혹은 국토부 공무원들과 대화하며 기사를 만들어낸다. 그렇게 비슷한 시간, 비슷한 과정을 통해 만들어진 수천 개의 비슷한 기사들이 동시에 풀리고, 포털은 그중 하나를 골라 메인화면에 건다. 그러면 그것이 이슈가 된다. 사람들이 댓글을 달고 가장 많이 읽은 기사들은 다시 청와대, 국회, 국토부에 스크랩되어 보고된다. 이것은 '여론'이라 불리고 위정자들은 이 여론을 바탕으로 정책을 결정하고 법안을 만들어낸다.

서울에 집이 있는 기자들과 부동산에 투자하는 데스크들이 여론을 만든다. 그리고 다주택을 보유한 위정자들이 부동산 정책을 입안하고, 실행하고, 분석한다. 그러다 보니 서울에서의 내 집 마련 꿈을 버리고 점점 서울 바깥으로 밀려나 왕복 하루 네 시간, 고개도 돌릴 수 없는 만원 지하철에 몸을 싣고 다니는 30대 A씨의 고통은 사라지지 않는다. 매년 올라가는 월세에 대출만 늘어나고 월급의 상당 부분을 이자 메우는 데 쓰다가 연애도 못 하는 20대 B씨의 현실은 아무것도 바뀌지 않는다.

언론은 자기들 목소리가 여론이라고 했고, 정치는 서민의 삶을 개선하겠다고 했지만 달라진 건 아무것도 없다. 여론을 만드는 사람도 여론을 이용하는 사람도 소수의 몇 명뿐이다. 언론은 이 과정에서 소수의 권력 집중을 돕는 역할을 한다. 아니, 권력을 부여받는 소수의 일원이 된다. 민주주의를 발전시켜나가는 데 언론이 독이 되는 것이다.

"

취재할 시간이 없는 기자들

종이 신문의 쇠락으로 언론은
초 단위 호흡으로 기사를 써야 하는
'온라인 매체'가 됐다.
클릭을 모으기 위해 기자들은
컨베이어 벨트에 앉아 똑같은 기사를 써댄다.

99

 왜 이런 일이 벌어졌고, 왜 이런 현실은 바뀌지 않는가. 그 어떤 기자라도 처음 기자 생활을 시작할 때 그려왔던 나름의 '기자 상像'이 있었을 것이고, 그 상은 분명 이런 쳇바퀴 도는 현실은 아니었을 것이다. 나도 그랬다.

 영화를 보면 기자들은 사건의 진실을 파헤치기 위해 많은 사람을 만나고, 오랜 시간 범인을 추적하며 진실을 찾아낸다. 물론 우리나라에서도 그렇게 생활하는 기자들이 없지 않다. 그런 기자들이 취재 결과물로 내미는 탐사보도들은 늘 우리 사회를 충격에 빠뜨리곤 한다. 그런데 영화나 드라마에서 주인공이 돋보이는 이유는 대부분의 조연이 돋보이지 않기 때문이다. 사명감으로 무장하고, 가족도 포기하고, 인생을 걸고 취재하는 기자들이 돋보이는 이유는 대부분의 기자가 그렇게 하지 않기 때문에, 혹은 그렇게 하지 못하기 때문이다.

어떤 기자의 기사는 "이런 게 기사지", "정말 취재 열심히 했네"라며 '기자님'이란 호칭으로 댓글이 도배되는 반면, 그렇지 않은 대부분의 기사에는 "이게 기사냐"라거나 "발로 좀 뛰어라"라며 '기레기'란 호칭으로 댓글이 도배된다. 이 차이는 어디서 오는 것인가? 시작은 다들 창대했는데, 결말은 왜 이렇게 달라졌을까?

온라인 매체가 된 언론
초 단위로 기사를 써야 하는 기자

대부분의 기자가 책상에 궁둥이 붙이고 기사를 쓰지만, 그들이 발로 뛰지 못하는 이유는 황당하게도 "시간이 없어서"다. 시간. 지금 언론이 가진 대부분 문제의 근원이자 기자들이 욕을 먹어야 하는 이유. 대한민국 언론 문제의 본질은 단언컨대 기자들이 시간에 쫓기고 있다는 것이다.

물론 모든 문제의 원인이 '구조'에 있는 것은 아니다. 기자 개개인이 정말 '빌런'이어서, 사명감도 없고 대충 시간이나 때우자는 마음에서 비롯된 차이일 수도 있다. 직장인이 된 기자의 게으름에서 비롯됐을 수도 있다. 시간이 없으면 잠을 줄여서 취재하면 되지, 밥 먹을 시간 쪼개서 취재하면 되지, 이러면 사실 할 말은 없다.

그래도 굳이 하나의 원인을 꼽자면 구조 얘기를 하지 않을 수 없다. 대부분의 기자가 출입처로 출근하고, 출입처에서 나오는 기사를 처리해야 한다. 아침에 기사를 보고하면 그 기사를 출고해야 하고, 갑작스럽게 발생하는 상황에도 대처해야 한다. 기사를 쓸 때는 남들보다 늦어서는 안 되며 남들보다 품질이 떨어져서도 안 된다.

'일단 써'야 하고, 또 나오면 또 '일단 써'야 한다. 출입처에 출입하면 출입처 밖으로 몸을 움직이는 것이 쉽지 않다. 하루 호흡으로 기사를 쓰는 일간지, 주간의 호흡으로 기사를 쓰는 주간지, 한 달의 호흡으로 기사를 써야 하는 월간지……. 취재 시간이 길수록 기사의 품질은 좋아지지만 종이에 인쇄된 활자가 외면받는 이 시대, 월간지 시장은 처참하고 주간지 시장도 좋지 않다. 심지어 일간지 시장도 무너지는 중이며 이제 대부분의 언론은 초 단위 호흡으로 기사를 써야 하는 '온라인 매체'가 됐다.

기자들이 바쁘니 입체적인 취재는 불가능하다. 대충 편집회의에서 정해진 논조대로 미리 '기삿거리'를 정해놓고, 어떤 얘기를 할 줄 뻔히 아는 전문가들을 추린다. 그중에 내 기사 방향에 맞는 전문가를 섭외해서 얘기를 들으면 기사 하나 쓰는데 한두 시간이면 충분하다.

이러니 어떤 매체에서는 기자 1명이 하루에 10건의 기사를 쓰는 경우도 발생하는 것이다. 그리고 그런 기사의 품질이 좋을 리 없다. 나도 하루에 그 정도 기사를 쓴 적이 있다. 작은 매체에서 부족한 인력으로 홈페이지 속 기사를 계속 업데이트하려다 보니 벌어진 일이다. 중간에 취재가 막히면 다른 취재에 들어가고, 그 취재도 막히면 취재가 된 만큼 기사를 쓴다. 그러다 보니 이 취재가 이 기사에 쓰는 건지, 저 기사에 쓰는 건지 헷갈린다. 빨리 기사를 마무리하려다 보니 오타에, 비문에, 난잡하기 그지없는 기사 10개가 만들어졌다.

그나마 취재를 하면서 기사를 많이 쓰는 건 양반이다. 아예 어뷰징*에 동원된 기자 아르바이트생들은 하루 100건의 기사도 쓰곤 한다. 암탉이 닭장 속에서 움직이지 못하고 달걀만 낳듯, 아무것도 하지 않고 앉아서 기사를 보고, 복사해서 붙여넣기 하고, 조사 몇 개 바꾸고, 자극적인 제목을 달아 포털에 전

---

* 인터넷 포털 사이트에서 조회 수를 늘리기 위해 중복반복 기사를 전송하거나 인기 검색어에 올리기 위해 조회 수를 조작하는 행위 등을 뜻한다. 즉 언론사가 동일한 제목의 기사를 지속적으로 전송하거나, 내용과 다른 자극적인 제목의 기사를 포털 사이트에 게재해 의도적으로 조회 수를 늘리는 행위를 말한다.

송하곤 한다. 기자가 되기 위해 신문 읽고, 토론하고, 자격증 따며 노력해온 기자 지망생들을 활용해 언론은 아무런 죄의식 없이 '이런 걸 기사라고' 포털에 전송하고 있다. 그것이 한국 언론의 현실이다.

독자들은 활자 매체를 보지 않고 광고 시장도 죽었다. 대중이 많이 모여 있는 놀이터는 이제 온라인이며 광고 시장도 여기에 몰려 있다. 기자들의 월급을 줘야 하고 생존을 도모해야 하는 언론은, 온라인에서 활로를 찾을 수밖에 없다.

그런저런 사정이 있다면 그 사정 속에서 저널리즘을 찾아야 하는데, 우리 언론은 수익모델을 먼저 찾았다. 온라인 공간의 기사들은 사람들의 클릭을 끌어모아야 하고, 그렇다면 언론이 할 수 있는 것은 최대한 많은 기사를 최대한 자극적인 제목을 달아 쏟아내는 것뿐이다. 이것이 생존경쟁의 본질이니 언론사 데스크가 할 수 있는 것은 기자들을 더 쪼아서 더 많은 생산품을 만들어내는 것뿐이다. 명품을 빚어내야 하는 공장에서 컨베이어 벨트를 돌리니 절대 명품이 탄생할 수 없다.

또 컨베이어 벨트 앞에 앉은 노동자들은 쉴 틈이 없다. 공장장이 정해놓은 휴식 타임이 아니면, 스스로 판단할 시간적 여유도 없고 눈앞의 제품만 계속해서 끼워 넣어야 한다. 이 제품이 명품에 걸맞은 제품인지는 중요하지 않다. 기자에 대한 평가는 제시간에 똑같은 제품을 얼마나 많이 만드느냐에 달렸다. 우리 언론의 새 시대 적응은 이렇게 엉망진창이 됐다.

데스크 입장에서도 어쩔 수 없다. 나도 후배 기자들이 쓴 기사들을 쭉 보면서 해야 했던 것은, 오타가 있는지 그리고 이 글 속에서 얼마나 품격있고 자극적인 제목을 뽑아낼 수 있는지였다. 그렇게 포털에 전송해서 10만 명이 이 기사를 클릭하게 되면 그날은 성공적인 하루가 됐다. 제대로 데스크를 볼 시간도 없었다. 기사가 몰릴 때는 계속해서 보고, 제목 뽑고, 포털에 전송, 또 보고, 제목 뽑고, 포털에 전송. 데스크도 컨베이어 벨트 안에 들어올 수밖에 없었다.

컨베이어 벨트는 1명의 노동자도 이탈을 허락하지 않는다. 그러니 기자들이 온종일 기사를 써대는 대도 취재할 시간은 부족한 것이다. 기자들을 온라인에서 해방하는 것, 우리가 좋은 기사를 만날 수 있는 첫 번째 조건이다.

기자들이 득실대는 곳, '출입처'

출입처는 기자를 어떻게 변화시킬까?
정치부에 출입하는 기자들은
정치인이 되고,
검찰에 출입하는 기자들은
검사가 된다.

온라인을 지붕 삼아 누워있는 기자들이 지금 문제가 되고 있지만, 사실 얼마 전까지 기자들이 주로 누워있던 곳은 '출입처'였다. 이 '출입처'라는 것은 언론의 아주 오래된 전통이다. 우리뿐 아니라 다른 나라에서도 운영하는 제도임은 틀림없다.

기자들의 주요 임무는 권력에 대한 감시고, 그 권력은 대체로 '행정부·입법부·사법부'에 있다. 민주주의 국가는 3부가 나뉘어 상호 간 감시와 견제를 하고 있으며 이를 통해 독재 정치를 막는다. 그리고 언론은 대대로 '4부'로 불렸다. 이 3부 권력을 견제한다는 의미다. 국민이 선거를 통해 권력을 위임하지만 국민 개개인이 자신이 부여한 권력을 권력자들이 제대로 행사하고 있는지 알 수 없다. 그래서 민간 기구인 언론에 돈을 주고 감시 업무를 맡기는 것이고, 언론은 신문 혹은 방송이라는 '플랫폼'을 통해 보고서를 만들어 국민께 전달한다.

이에 3부 권력은 언론이 보다 쉽게 권력을 감시할 수 있도록 청사에 기자실도 만들어주고, 여러 가지 알림 자료를 전해준다. 그렇게 만들어진 것이 바로 출입기자 제도다. 이런 3부 권력에 더해 자본주의 사회는 자본도 곧 권력이기 때문에, 이제는 민간 기업들도 출입기자실을 만들어 출입기자를 받아들이고 있다.

그런데 시대가 바뀌었다. 그 오래된 전통은 이제 효용성의 한계에 달했으며, 이미 우리와 일본을 제외하고는 전 세계적으로 그 개념이 사라지는 추세다. 연합뉴스 보도에 따르면 프랑스의 유명 뉴스 통신사인 AFP는 출입처 기자들을 줄이고 있다. AFP는 프랑스 국내 기관 중 대통령 관저인 엘리제궁과 총리실, 외무부와 의회, 파리 중앙재판소와 파리 경찰청 등 6개 기관에만 전담 출입기자를 두고 있다. 그 외 대다수 AFP 기자들은 출입처가 아니라 AFP 사무실로 출근하며 정치·경제·생활문화 등 영역을 넘나드는 취재를 한다.

독일도 그렇다. 독일의 정부 부처 및 정부 기관들은 건물 안에 기자실을 별도로 두지 않고 있다. 그리고 정부 발표가 끝나면 기자들은 기사 작성을 위해 곧바로 해당 정부 청사를 빠져나온다. 미국은 어떨까? 백악관은 물론 국무부, 국방부 등 정부 부처별로 출입기자 제도가 존재하는 것은 맞다. 하지만 우리나라처럼 기자들이 왔다 갔다 하는 출입처라기보다는, 미국에서는 일종의 '영역'으로 보는 것이 적절하다. 즉 '국방부 출입기자'가 아니라 '국방 전문기자'들이 해당 기자실을 이용하고 있다는 의미다.

온라인 정보 공개가 쏟아지는 시대
출입처가 무슨 의미가 있을까

왜 이런 변화가 일어나는 것일까? 우리나라 언론은 출입처 문제를 거론하면 자꾸 '언론 탄압', '알 권리 탄압'이라고 하는데, 해외에서는 왜 출입처를 줄여나가고 있는가? 해외에도 언론 탄압이 시작된 것인가? 물론 아니다.

이 출입기자 제도가 의미 있던 시절은 분명히 있었다. 권위주의 정권 때는 그랬다. 권력이 관에 집중됐던 시절, 그리고 정보가 대중에게 공개되지 않던 시절에는 출입처 제도가 아주 유용했다. 출입처에 출입하는 기자들이 정보를 쥐고 있는 고위 공무원을 취재원으로 만들고, 그들의 입에서 주요 정보를 포착해 대중의 알 권리를 충족시킨다는 차원에서 그랬다. 물론 권위주의 정권 시절에 우리 언론이 그 역할을 제대로 했다고 보기는 어렵지만, 그런 의미는 분명히 있었다.

그런데 세상이 변했다. 일단 정보의 독점이 불가능해졌다. 최근 관에서 생성하는 상당수의 정보가 온라인을 통해 대중에게 공개되고 있다. 보도자료는 기자들에게만 공개되지 않고 해당 부처 홈페이지에도 게시된다. 굳이 기자가 아니어도 공무원과 접촉해 궁금한 점을 질문할 수 있도록 관의 전화번호는 모두 공개돼 있고, SNS를 통해 주요 정책에 대해 국민이 묻고, 관에서 직접 설명하고 있다. 국민이 자신의 알 권리를 언론에 위임하는 시대가 아니다.

또한 지금의 출입처 제도에 부작용이 생기기 시작했다. 특히 기사 업데이트가 초 단위로 이루어지는 온라인 시대를 맞이하면서 확연히 드러났다. 어느 언론을 막론하고 기사가 다 똑같아지는 참극이 벌어지고 있는 것이다. 그럴 수밖에 없는 것이 기사를 쓰는 기자들이 모두 출입처 안에 있고, 만나는 사람도 같다. 그 말은 곧, 들을 수 있는 얘기가 똑같다는 의미다. 단순한 사실 전달을 목적으로 하는 '스트레이트 기사'는 그렇다 치고, 분석 기사도 똑같다. 출입처 안에서는 똑같은 사람의 핸드폰만 기자들의 전화로 불이 나고, 이 분야의 전문가들도 한정적이다. 그러니 당연히 똑같은 기사만 나오는 것이다.

너욱이 초 단위 기사 업데이트가 이뤄지면서, 데스크는 기자들이 출입처에서 나오는 모든 정보를 확보해내길 바란다. 하지만 이건 한두 명의 출입기자로는 애초에 가능하지 않은 일이다. 그래서 여러 언론사의 기자들이 일종의 '길드'를 형성해 서로 정보를 교환하고 기사 작성 시점을 조율한다. 이쯤 되면 안 똑같은 것이 이상한 것이다.

여당 출입기자는 여권, 검찰 출입기자는 검사가 되는 웃픈 현실

더 심각한 문제는 이것이다. 기자들이 출입처 안의 사람들만 만나다 보니 기자가 보는 세계관이 출입처의 견제 대상들과 비슷해진다는 것이다. 우스갯소리로 같은 언론사 기자라 하더라도 여당 출입기자는 여권, 야당 출입기자는 야권과 생각이 똑같아진다는 말이 있다. 정치부에 출입하는 기자들은 정치인이 되고, 검찰에 출입하는 기자들은 검사가 된다. 기자들이 이 얘기를 들으면 펄쩍 뛸지도 모르겠다. 스스로 감시와 견제를 하고 있다고 반박할 기자들도 있을 것이다. 하지만 출입처에 갇혀 있다 보면 비판의 시선도, 감시와 견제의 시선도 바로 그 출입처로부터 나온다. 국민과 기자가 서 있는 곳이 다른데 국민이 보는 풍경이 기자들이 보는 풍경과 같을 수 없다.

출입처 시스템은 해당 출입처 인사들과 기자들을 끈끈한 유대관계로 묶어 낸다. 기자의 관혼상제에 출입처에서 화환이나 조화도 보낸다. 이런 유대감이 내부의 중요한 정보를 얻어내는 효과적인 방법이 될 수도 있지만, 역으로 출입처의 문제점을 객관적으로 바라보는 데 방해가 된다.

출입처에서 내 일을 도와주고, 같이 밥도 먹고, 술도 마시고, 이 얘기 저 얘기 다 하다 보면, 인간적인 정이 생길 수밖에 없다. 비판 기사를 써야 하는데 도통 객관화가 안 된다. 나 역시 출입처 기사를 쓰면서 가장 어려웠던 것이 이 부분이었다. "정 기자, 사정 알잖아?"라며 인간적인 접근을 하는 취재원에게 "닥쳐, 내 기사는 내가 결정해"라고 말하는 것은 참 어렵다.

그런데 이렇게 생각해 보자. 삼성 출입기자도 있고 현대차 출입기자도 있는데, 삼성 노조 출입기자는 없고 현대차 고객센터 출입기자는 없다. 그렇다면 기자들이 누구의 얘기에 더 많이 귀를 기울이겠는가? 누구와 인간적인 정이 쌓이겠는가? 고객이 어떤 제품이 문제라고 언론에 제보해도 친한 출입처 홍보팀 직원이 그럴싸한 과학적 자료를 전해주며 부인하면, 고객의 목소리는 묻힌다. 물론 출입처 안에서도 가시 같은 기자는 있다. 하지만 흔치 않기에 존재를 느끼기 어렵다.

이렇게 유대관계가 깊어지면서 우리의 출입처 제도가 굉장히 폐쇄적이 됐다는 문제도 있다. 기자들은 알 권리를 위해 출입처를 유지해야 한다고 주장하고 있지만, 역설적으로 타 매체에 매우 배타적인 태도를 취함으로써 오히려 알 권리를 제한한다. 조선일보는 어디에서나 출입처 기자단*에 포함돼 있지만, 신생 매체인 TV조선은 이 출입처에 끼기 위해 오랜 시간 공을 들였던 황당한 일도 있었다.

나도 정부 부처에 가서 보도자료 등록을 하고자 했다. 어떤 이슈가 있었고 해당 부처가 계속해서 보도자료와 해명자료를 내놨기 때문에 이왕 기자들에게 뿌리는 거, 거기에 내 메일 하나 슬쩍 넣어주십사 부탁하기 위해 해당 부처를 찾아갔다. 그런데 기자들이 쓰는 자리를 내가 빼앗아 쓰겠다는 것도 아니고, 메일링 서비스에 내 메일 주소 하나만 넣어달라는데도 부처 담당 공무원은 기자단의 허락이 필요하다고 했다.

그 메일 하나 받자고 기자단에 내 기사를 심사받고, 그들에게 잘 보이고, 그들이 정한 규칙을 내가 준수해야 하고, 그럴

---

* 기자실에 상주하는 기자들이 모여 만든 단체를 기자단이라고 한다. 이 기자단에 가입해야 출입처에서 자유로운 취재가 가능한데 가입조건이 만만치 않다. 예를 들어 법조 기자단으로 들어가려면 6개월 이상 관련 기사를 보도해야 하고 기자단의 투표를 거쳐 2/3 동의를 얻어야 한다.

이유가 하나도 없었다. 그냥 시간을 들여서 해당 자료가 홈페이지에 올라올 때까지 기다리거나, 다른 매체 기자들에게 부탁해 보도자료를 받는 번거로움을 감수해야 했다. 내 메일 하나 등록하는데 국민 세금이 1원이라도 더 드는 것도 아닌데 말이다. 기자단과 관련한 이야기는 뒤에서 더 자세히 해보자.

코로나19 보도,
선정적 언론의 민낯

질병명이 정해진 후에도 '우한 폐렴'이라는 단어를 사용했다.
백신이 들어오기 전엔 직무유기라고 비판했고
정작 백신이 들어오니 부작용 보도를 쏟아냈다.

바이러스 대응 분석 대신 내놓은
'우한 폐렴'이란 정치적 네이밍

　2019년, 중국 우한에서 '사스'로 의심되는 바이러스가 발견됐다. 이 바이러스는 폐렴을 유발하고 있으며, 우한의 한 전통시장을 중심으로 확산하고 있었다.
　몇 줄짜리 단신으로 취급됐던 이 보도는, 점점 신문이나 방송 뉴스의 주요 위치로 올라갔다. 국제면 톱기사에서 사회면 톱기사로, 그리고 1면 톱기사가 됐고 커진 뉴스의 비중만큼 코로나19는 우리 삶에 깊숙이 영향을 미쳤다. 먼저 해외여행은 꿈도 못 꾸는 일이 됐고, 며칠 뒤엔 퇴근 후 소주 한잔이 어려워졌다. 그리고 또 며칠 뒤에는 아예 바깥 공기도 마음껏 마실 수가 없게 됐다. 아기부터 노인까지 마스크를 쓰고 살게 됐고 가게들의 영업 시간은 제한됐다.

우리의 삶은 이렇게 급변했다. 하지만 급변한 것이 비단 삶뿐만은 아니었다. 코로나19를 대하는 언론의 보도는 방향을 잡지 못했다. 좌회전, 우회전, 유턴, P턴, 후진, 역주행까지 그야말로 난리가 났다.

첫 번째, 처음부터 코로나19를 대하는 언론의 태도는 매우 정치적이었다. 세계보건기구(WHO)는 차별과 편견, 혐오를 조장한다는 점에서 전염병 바이러스에 지역 이름을 붙이는 것을 배제하고 있다. 이것은 특정 지역이나 국가의 눈치를 보는 것이 아니라, 숱한 전염병을 겪으면서 인류가 쌓아온 지식의 산물이다. 그래서 전 세계인이 모인 국제기구에서 그렇게 하기로 약속한 것이다.

그런데 유독 한국 언론은 계속해서 '우한 폐렴'이라는 단어를 사용했다. 발생 초기 WHO에서 명확한 단어 규정을 내리기 전에는 그럴 수도 있다. 하지만 코로나19로 명칭이 통일된 이후에도 계속 '우한 폐렴'이란 용어를 썼다. 그 단어를 쓰지 않는 집단은 '친중'이고 "중국의 눈치를 보고 있다"라고 말하며 사람들을 분열시켰다.

'스페인 독감', '일본 뇌염', '중동 호흡기증후군' 같은 용어도 썼는데 '우한 폐렴'은 왜 안 되냐(조선일보 사설,〈'우한 폐렴' 반

중 안 되지만 여당은 국민 건강 먼저 걱정하길))는 식이었다. 바이러스에 지역명이 붙으면 질병 예방이나 국제 협력에 도움이 안 되니 국제기구가 쓰지 않는 것인데, 이런 부분은 싹 무시했다.

코로나19가 점점 확산하면서 우한 등 중국에 대한 전 세계적인 봉쇄 움직임이 벌어졌다. 대표적으로 일본이 그랬다. 당시 국내 언론은 "왜 중국인들의 입국을 막지 않냐"는 사설을 쓰며 정부가 중국의 눈치를 본다고 주장했다. 하지만 중국을 봉쇄한 일본의 누적 확진자는, 2022년 1월을 기준으로 국내 누적 확진자의 3배가 넘는다.

그리고 지금 이 시각, '우한 폐렴'이란 단어를 쓰는 언론은 더 이상 없다. 알파 변이, 델타 변이, 오미크론 변이에 왜 영국, 인도, 아프리카 이름을 붙이지 않냐고 따져 묻는 언론도 없다. 그야말로 아무것도 아닌 논란이었던 셈이다.

두 번째, 언론 보도는 매우 선정적이었다. 언론은 작은 사례를 크게 부풀려 시민들의 공포를 조장했다. 포털 사이트 곳곳에 '뚫렸다', '공포' 같은 단어들이 난무했다. 코로나19가 저널리즘 위에서 게임처럼 다뤄졌다. 코로나19로 시민들의 삶이 고통스러워진 것은 분명하다. 그런데 거기다 '패닉'이나 '혼란' 같은 단어로 불안을 부추겼다.

언론은 바이러스가 어디서 왔고 어디로 갈 것이며, 과거에는 어떤 사례가 있었는지, 앞으로 어떻게 대응해야 할지, 공부하고 고민하고 토론해야 했다. 하지만 언론은 당장 포털에 전시할 기사부터 찾았고, 더 많은 사람이 자사 뉴스를 보면서 광고 수익을 올리길 원했다. 선정적 보도는 그렇게 이어졌다.

백신, 거리두기를 다룬 오락가락 보도 도대체 어쩌라는 거냐

백신 관련 보도는 선정성의 끝을 보여줬다. 백신을 맞고 3기 암에 걸렸다는 주장이 따옴표를 달고 여과 없이 보도됐다. 심지어 백신을 맞고 발기부전이 됐다는 얘기도 언론에서 나왔다. 영국에서 백신을 맞고 다리를 절단했다는 외신의 이야기는 '가짜뉴스'로 밝혀졌다. 가십 전문 타블로이드지에 나온, 믿거나 말거나 하는 얘기를 한국 전통 주류 언론은 '외신'이라며 소개했다.

환자 가족들은 당연히 의심할 수 있고 주장할 수 있다. 하지만 언론은 확인하고 검증해야 한다. 코로나19가 중국에서 시작됐다고 대림동 차이나타운 르포기사를 쓰고, 성소수자들이 코로나19에 확진됐다며 성소수자의 성생활을 보도한 '언론사를 사칭한 회사들' 얘기는 비판할 가치조차 없다.

세 번째, 일관적이지도 못했다. 언론의 보도는 널을 뛰고 춤을 췄다. 언론은 국내에 백신이 들어오기 전엔, 정부가 백신 확보를 빨리하지 못했다며 직무유기라고 비판했다. 그런데 정작 백신이 들어오니 백신 부작용에 대한 보도를 쏟아냈다.

문화일보는 2020년 쓴 사설에서 "문재인 정부가 얼빠진 행태를 보이고 있다"며 "영국이 세계 최초로 일반인 대상 접종을 시작한 당일, 문재인 정부는 코로나 백신 확보에 늑장을 부려온 사실이 확인됐다"고 보도했다. 그런데 불과 3개월 후, 3상 개발 중인 백신을 선구매 체결하자 "안전성을 강조하더니 3상 진행 중인 백신을 계약했다"고 질타했다. 응?

정부가 사회적 거리두기를 강화하고 자영업자들을 통제했을 때, 언론은 정부가 자영업자들을 고사시킨다고 비판을 쏟아냈다. 정부가 단계적 일상 회복에 돌입하고 거리두기를 풀자 확진자가 많아졌고, 그러자 언론은 방역 대책이 엉망이라며 비판을 쏟아냈다.

뭘 어쩌라는 건가? 정부의 방역 정책이 절대적 기준이라는 것은 아니다. 정부의 방역 정책에는 당연히 구멍이 있을 수밖에 없고, 그 구멍을 찾아내 보완을 요구하고 대안을 제시하는 것이 언론의 중요한 역할이다.

코로나19 보도에서도 그와 같은 빛나는 보도들이 있었다. SBS는 백신 선구매가 불가능한 이유를 보도하면서, 실패에 대한 책임을 공무원이 뒤집어써야 하는 구조를 짚었다. 또 여러 언론이 국내 백신 개발이 쉽지 않은 이유에 대해서 파헤치기도 했다.

코로나19 보도가 엉망진창인 이유는 앞서 언급했던 문제들과 다 연계돼 있다. 질병관리청이나 보건복지부를 출입하는 기자는 의학에 전문적인 지식을 갖고 있지 않다. 단순히 1년 스쳐 지나가는 출입처 기자들로 이루어져 있다. 그렇다면 기자가 공부하고 자료를 수집할 시간을 줘야 하는데, 언론사는 그 시간을 허락하지 않는다. 데스크는 기사 1개라도 더 써서 올리라며 압박하고 있으니, 이 힘한 시기에 국민에게 하등 도움 안 되는 기사만 탄생하는 것이다. 언론은 이런 현실을 정말 모르고 있나?

문제는 알지만,
돈은 포기할 수 없다

혁신을 부르짖어도 결국 언론은
포털에서 많이 읽히도록,
그래서 온라인 광고 수입을 얻도록
고민하지 않을 수 없다.
혁신보단 물량이 돈이 되니까.

유튜브에도 밀리는 언론사

언론사에서 이런 문제를 모를 리가 없다. 저널리즘이 너덜너덜해질수록 언론에 대한 신뢰가 깎여 나가는 걸 모를 리 없다. 하지만 당장 생존이 다급하다면 저널리즘은 파괴된다. 해가 갈수록 종이 신문 구독자는 줄어들고 방송 뉴스를 보는 사람들도 줄어간다. 언론 소비자들은 그냥 포털과 유튜브에서 뉴스를 본다. 2020년 시사인이 〈대한민국 신뢰도 조사〉를 벌인 결과, 가장 신뢰하는 매체 1위는 다름 아닌 '유튜브'였다. 이것이 한국 언론의 위치를 그대로 보여준다.

유튜브는 언론이 아니다. 누군가 올린 콘텐츠를 게이트키핑하지 않는다. 하지만 사람들은 유튜브를 통해 정보를 얻으려 하고 또 얻고 있다. 언론은 유튜브가 '보고 싶은 것만 추천한다'고, '확증편향을 만들어 낸다'고 비난한다. 전혀 틀린 말이 아니고 유튜브 추천 동영상 알고리즘에 대한 경고는 아주 오래전부터 곳곳에서 나왔다. 사람들도 이걸 모르지 않는다.

하지만 역으로 생각해 보면 언론 뉴스를 본다고 해서 편향성을 줄이거나 합리성을 높일 수 있는 것도 아니다. 온라인에서 만나는 언론은 그냥 돈벌이에 혈안이 된, 엉망진창 상태이기 때문이다. 차라리 유튜브에서 괜찮은 콘텐츠를 찾아 헤매는 게 낫지, 언론 보도는 똑같은 얘기만 하고, 하고 싶은 얘기만 하고, 어려운 얘기만 한다. 이제 언론은 공론장으로써의 역할도 유튜브에 빼앗겼고, 선명성도 유튜브에 빼앗겼다. 이제 언론은 아무도 신경 쓰지 않는 그냥 '어떤 것'이 됐다.

초등학교에 다니는 애들에게 물어봤다. "얘들아, 혹시 한겨레 알아?" 그러자 아이들은 너무나 해맑게 "그게 뭐야?"라는 답을 했다. 한국에서 가장 널리 알려진 매체 중 하나인 한겨레가 그렇다. 1등 신문은 어떨까? "그럼 조선일보는 알아?"라고 물어보자 역시 "몰라"라는 대답이 나왔다. 아이들은 KBS나 MBC는 알고 있지만, 드라마·예능 플랫폼으로서 존재의 의미가 있을 뿐이다. 또 그나마 아이들은 캐리언니나 보람튜브를 훨씬 많이 접하고 있다.

이런 현실을 언론사 간부들이 모를 리 있나? 당연히 알고 있다. 그럼에도 불구하고 이 현실을 바꿀 수는 없다. 입으로는 혁신을 부르짖어도 회사를 책임지고 편집국의 방향을 조율하는 그 자리에 올라가면 결국, 어떻게 해야 기사 많이 써서 포털에서 많이 읽힐지, 그래서 온라인 광고 수입을 더 올릴 수 있을지 그 방법만 고민한다. 그게 가장 쉽고 가장 효율적이기 때문이다. 한국 언론계에서 혁신가란 대체로 남들을 평가하는 사람이지, 자신이 부딪혀 보는 사람들은 아니다.

혁신은
돈이 안 됐다

언론계에서 혁신 바람이 분 적이 있었다. 오프라인에서 온라인으로의 대전환이 이뤄지던 지난 2012년, 뉴욕타임스는 '스노우폴'이라는 콘텐츠를 선보였다. 내용은 단순하다. 미국 워싱턴주 캐스케이드산맥에서 발생한 눈사태에 관한 기사다. 그런데 이 기사는 특별했다. 뉴욕타임스라는 종이 신문에서는 볼 수 없는 온라인만의 매력을 가득 담은 콘텐츠였기 때문이다. 독자들은 기사를 읽으면서 사진과 도표를 확인했고, 숨 막히는 눈사태 영상을 지켜봤다. 신문 위 글자로 표현되던 사건들은 온라인에서 입체적으로 보여졌다. 2D는 3D가 됐고 기사 하나 보는데 눈과 귀가 총동원됐다.

'스노우폴'은 단순히 '눈사태가 일어났다'는 보도를 넘어 왜 이런 일이 벌어졌는지 심층적으로 접근한 기사였다. 또 온라인 특성상 긴 기사는 가독성이 떨어지기 때문에 동영상과 사진, 문과생은 모르는 여러 가지 HTML 효과를 사용해 마치 한 편의 영화처럼 만들어 낸 콘텐츠였다.

이것이 '뉴스의 미래'라는 판단을 여러 언론이 했고, 우리나라 언론도 앞다퉈 '한국판 스노우폴'을 쏟아냈다. 아시아경제의 〈그 섬 파고다〉, 매일경제의 〈내 이름은 당대불패〉라는 콘텐츠들이었다. 그렇게 창대한 계획을 가지고 온라인 문법에 맞는 콘텐츠를 만들어냈지만, 오래가지 않았다. 이유는 간단했다. 콘텐츠 하나에 많은 공을 들였고 그보다 더 중요한 돈도 들였는데, 사람들이 생각만큼 보지 않았던 것이다. 최근에도 비슷한 인터렉티브 뉴스가 종종 언론사에서 나오고는 있지만, 열심히 돈과 공을 들여 만든 것에 비해 보는 사람은 없었다. 간단하게 말해서 돈이 안 됐다.

왜? 포털에는 제목만 걸리니까, 독자들이 제목만 봐서는 이 기사가 신기술이 적용된 기사인지 앉아서 대충 1분 만에 뚝딱 민들이 낸 기사인지 알 방법이 없으니까 그렇다. 그리고 한국의 포털은 좋은 뉴스를 선별해 독자들에게 제공하는 데 관심도 없다. SNS는 어떨까? 종종 이런 공들인 취재물이 공유되긴 하지만 SNS에서는 대체로 기사의 완성도나 흥미 여부보다는 자신의 취향과 논조가 맞는 기사를 더 중요하게 다루고 있다. 그러니 우리나라 언론사의 '디지털 퍼스트'는 잘 만들어진 콘텐츠를 온라인에서 독자들이 편히 보도록 가공해 제공하는 것이 아니라, 아무거나 마구잡이로 만들어 독자들에게 들이미는 '물량 공세'라는 의미가 됐다. 포털에 하루에 수백·수천 개의 기사를 전송하고, 그중 10개만 터져도 쉽게 돈을 벌 수 있으니 그렇다.

그러니 언론사는 기자들을 상대로 물량만 쥐어짜고 있는 것이다. 기자들의 수가 상대적으로 적은 매체는 그럴수록 기자 1명이 더 많은 기사를 생산해야 한다고 독려한다. 기자들의 수가 상대적으로 많은 매체는 저 많은 인원을 먹여 살리려면 너희 기사 PV(page view, 조회 수)가 더 많이 나와야 한다고 독려하고 있다.

우리 언론은 이 악순환에 빠져 있고 여기서 헤어 나오는 건 불가능해 보인다. 뉴스타파라는 모범적인 모델*이 있지만, 이

---

* 뉴스타파는 이명박 정부 때 해직된 기자, 피디, 탐사보도 전문 언론인들이 설립한

전 정권에서 있었던 특수한 상황을 바탕으로 성공할 수 있었고, 이 체제가 안정되면서 독자 후원이라는 모델을 유지할 수 있었다. 하지만 기존 매체들은 이 모델을 쉽게 따라갈 수 없다.

지금 언론은 누가 많이 쓰느냐, 누가 빨리 쓰느냐를 놓고 경쟁을 벌이고 있다. 모두가 출구를 알고 있지만 이 끝없는 생존 달리기가 이어지는 한, 누구도 이 트랙에서 벗어날 수 없다. 1등도 꼴등도 말의 눈을 가리고 앞만 보고 달리는 현실, 이 현실을 개혁하자니 수많은 직원의 생계가 어둡고 자칫 모든 것을 잃을 수 있다는 걱정이 앞서는 것이다.

특히 대형 언론들은 이런 딜레마가 더 커졌다. 직선 트랙 안에서는 덩치 큰 언론사들이 쭉쭉 치고 나갔지만, 코너에 진입하자 덩치가 발목을 잡아버린 것이다.

온라인 언론사이다. 정권의 눈치를 보는 기존 언론의 뉴스를 타파한다는 뜻을 지니고 있다. 광고와 협찬을 맏시 낳고 후원회원늘의 회비로 운영한다.

2

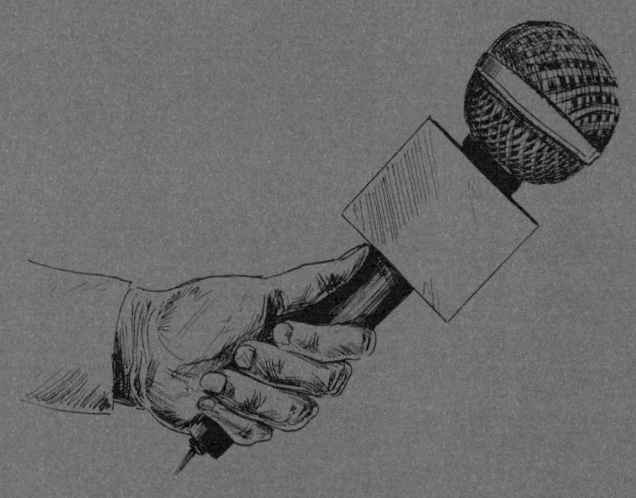

강자 옆에 붙은 뉴스

강자 옆에 붙은
뉴스

언론의 주인은 독자님이 아니라
광고주님이 된 지 오래다.
국민의 범죄엔 추상같이 호통치면서
광고주님의 중대범죄는 '쉴드' 치기 바쁘다.

힘을 갖고 싶은 언론
정치권력과 돈독하게

한국 언론은 권력과 가깝다. 권력과 가까워야 권력을 감시할 수 있다는 항변은 그럴듯하다. 그런데 사실 언론은 감시하기 위해 권력과 가까워지진 않았다. 언론이 권력을 가까이 둔 이유는 생존, 나아가 언론도 권력을 갖기 위해서였다.

기자 개인도, 언론사라는 단체도, 권력 옆에서 언론 본연의 기능을 잃어갔다. 일제강점기, 독재정권 당시의 언론은 권력의 도구가 됐다. 역사와 전통이 오래된 언론들은 저마다 자신들이 민족지라고 자부하고 있지만, 기자들이 일제에 저항한 적은 있어도 언론사가 일제에 저항한 적은 없었다.

독재정권 시절도 마찬가지다. 박정희 전 대통령이 영구집권을 위해 유신 개헌을 기습 처리하자 조선일보는 다음날 "보람 되고 영광된 삶을 얻기 위한, 진정으로 알맞은 조치"라고 찬양했다. 독재자 전두환이 등장하자 같은 신문은 '인간 전두환'이라는 인물 탐구 기사에서 전두환을 두고 "육사의 혼이 키워낸 신념과 의지의 행동", "이해관계에 얽매이지 않고 남에게 주기 좋아하는 성격" 같은, 전두환과 전혀 상관없어 보이는 수식어들을 나열했다.

기자들 개개인도 마찬가지였다. 독재정권 시대 저항하다가 해직된 언론인들이 있지만, 언론인으로서 정치권과 유대관계를 유지하다가 독재정권에 부역하거나 정치권으로 간 언론인도 많았다.

권력의 대상은
정치권을 넘어 광고주님으로

지금은 권력의 대상이 정치권을 넘어 자본으로 확대됐다. 언론의 주인은 독자님이 아니라 광고주님이 된 지 오래다. 국민의 범죄엔 추상같이 호통치며 엄정한 법질서를 강조하던 언론들이 광고주님의 중대범죄는 '쉴드' 치기 바쁘다. 광고주님이 잡혀가면 경제 위기 운운하며 사면시켜달라 조르고, 광고주님의 경영 실패로 기업이 위기에 빠지면 세금을 투입해 살려놓으라 떼를 쓴다. 잘 사는 집 아이나 못 사는 집 아이나 구분 짓지 말고 누구나 점심을 먹이자는 주장은 '포퓰리즘'이니 '퍼주기'니 비난하며 서민들의 마음을 후벼파지만, 광고주님에게는 아낌없는 주는 나무가 된다.

영화 〈내부자들〉에서 화제가 됐던, 백윤식 씨가 연기한 이강희 주필은 실존하는 언론인을 모티프 삼았다는 말이 있다. 조선일보 전 주필 송희영 씨는 대우조선해양으로부터 초호화 요트 접대를 받고 대우조선해양을 옹호하는 사설을 썼고, 조선일보 논설위원 이동훈 씨는 수산업자를 사칭한 사기꾼에게 골프채를 받고 수사를 받자, 이강희 주필처럼 "정치 공작"이라고 부르짖었다.

기자들이, 언론이 권력의 지근거리에 있으니 언론이 권력을 갖지 못한 국민 옆에 있을 수가 없다. 권력이 있는 종로와 여의도, 강남에서는 길 가다 어깨빵 하는 사람 중 절반이 기자지만, 권력이 없는 삶의 공간에서는 그 흔한 기자 명함 하나 찾기 어렵다.

'염치 불고하고'
삼성에 머리 조아린 언론

권력은 유한하고 대통령은 5년마다 교체된다.
그런데 돈은 그렇지 않다.
돈은 영원하고
돈 앞에선 그 누구도 갑이 될 수 없다.
불행히도 그건 언론 역시 마찬가지다.

한국 언론에 있어 '권력 of 권력'은 삼성이다. 정확히 얘기하면 삼성의 오너 이씨 일가다. 바로 이 이씨 일가의 가신들과 기자들 사이에 벌어진 웃지 못할 일이 있었다. 삼성의 한 임원에게 언론계 인사들이 줄줄이 머리를 조아렸던 사건, 이름하여 '장충기 문자 사건'이다. 이 사건으로 한국 언론이 서 있는 위치의 좌표가 정확하게 포착됐다.

민주화가 된 만큼 정치권력을 비판하는 건 솔직히 이제 어렵지 않다. 권력은 유한하고 대통령은 5년마다 교체된다. 국회의원이 아무리 잘나간다 한들, 4년마다 국민 앞에서 머리를 조아려야 한다. 기자들 앞에서도 설설 기어야 한다. 그런데 돈은 그렇지 않다. 돈은 영원하고 돈 앞에선 그 누구도 갑이 될 수 없다. 불행히도 그건 우리나라 언론 역시 마찬가지다.

삼성의 핵심은 삼성전자가 아니다. 아주 예전엔 구조조정

본부라고 불렸고, 최근까지 미래전략실이라고 불린 이곳이 핵심이다. 여기는 '프리메이슨'이자 '일루미나티'다. 일종의 비밀 결사대다. 이곳에서 삼성의 모든 의사결정이 이루어졌지만, 국정농단 이전까지 여기에 누가 있고, 무슨 일을 하는지 정확히 아는 사람은 많지 않았다. 하지만 언론사 간부들은 알았다. 여기가 바로 삼성의 심장이자 뇌라는 것을. 그리고 이 조직을 이끄는 사람이 바로 차장이란 직책에 가려진 장충기(후에 사장으로 승진했다)라는 사람이라는 것을. 이 사람은 사실상 삼성의 2~3인자로 불리던 사람이기도 했다.

문화일보에서 광고를 담당하는 한 간부는 그 장충기 씨에게 이런 문자를 보냈다.

"죄송스런 부탁드릴 게 있어 염치 불고하고 문자 드립니다. 올들어 문화일보에 대한 삼성의 협찬+광고지원액이 작년 대비 1.6억이 빠지는데 8월 협찬액을 작년 대비 1억 플러스할 수 있도록 사장님께 잘 좀 말씀드려달라는 게 요지입니다. 삼성도 많은 어려움이 있겠지만 혹시 여지가 없을지 사장님께서 관심 갖고 챙겨봐 주십시오. 죄송합니다. 앞으로 좋은 기사, 좋은 지면으로 보답하겠습니다. ○○○ 배상"

문화일보 간부가 말한 '좋은 기사, 좋은 지면'은 무엇이었을까? 검찰이 이재용 삼성전자 부회장의 뇌물 및 배임 혐의를 조사 중일 때 문화일보는 지속적으로 삼성이 "검찰 리스크"에 시달린다며, "다른 기업이면 이미 망했다"라거나, "제발 한국에서 기업하게 해달라"고 닦달했다. 뇌물을 준 사실은 삼성도 인정하고 있는데, 검찰이 정권에 잘 보이기 위해 "코드 기소를 했다"고 주장하기도 했다. 이것은 분명 삼성에 '좋은 기사'이고 '좋은 지면'이다. 하지만 범죄를 저지르면 합당한 처벌을 받아야 한다는 것이 사회의 상식에 부합하는 '좋은 기사'이고 '좋은 지면' 아닐까?

서울경제 간부 출신으로 한 대학의 초빙교수로 일하고 있던 사람이 있었다. 왕년에는 기자로 일했다. 그는 장충기 씨에게 이런 문자를 보냈다.

"별고 없으신지요? 염치 불고 사외이사 한 자리 부탁드립니다. 부족합니다만 기회 주시면 열심히 하겠습니다. 작년에 서울경제 그만두고 초빙교수로 소일하고 있습니다. 미안합니다. ○○○ 드림".

미안하면 이런 부탁을 하지 말아야 하고, 부족하면 인맥을 통해 사외이사 자리 구걸해선 안 될 일이다.

고故 이건희 전 삼성 회장의 성매매 의혹이 불거진 일이 있었다. 동영상이 존재했기 때문에 증거는 확실했지만, 한국 언론에서 좀처럼 보도하지 않았다. 그 이유를 연합뉴스의 한 간부가 장충기 씨에게 문자를 보내 설명했다.

"장사장님, 늘 감사드립니다. 시절이 하수상하니 안팎으로 조심하는 수밖에 없을 것 같습니다. 누워계시는 이건희 회장님을 소재로 돈을 뜯어내려는 자들도 있고요. 나라와 국민, 기업을 지키는 일이 점점 더 어려워져 갑니다."

연합뉴스는 국가기간통신사*로 1년에 수백억 원의 세금을 받고 있다. 그런데 그 연합뉴스의 간부가 이건희 회장님을 지키겠다는 일념으로 똘똘 뭉쳐있었다. 그리고 이 사람은 2021년, 연합뉴스의 이사회인 뉴스통신진흥회 이사가 됐다.

---

* 연합뉴스는 자체 취재력으로 기사를 작성, 신문이나 방송사 등 다른 언론사들을 상대로 뉴스를 제공하고 판매한다. 이를 뉴스통신사라고 하며 2003년 제정된 '뉴스통신 진흥에 관한 법률'에 따라 '국가기간'의 자격을 얻었다.

매일경제의 한 기자는 장충기 씨에게 이런 문자를 보냈다.

"존경하는 실차장님! 어제 감사했습니다. 면세점 관련해서 누구와 상의해 보니, 매경이 어떻게 해야 삼성의 면세점 사업을 도와줄 수 있는지를 구체적으로 알려주셨으면 좋겠다고 합니다."

삼성이 면세점 사업권을 놓고 다른 기업과 경쟁하고 있을 때였다. 그런데 매일경제라는 한국의 유력 경제지가 대놓고 특정 기업 편을 들을 테니, 어떻게 기사를 쓸지 구체적으로 알려달라고 요구했다.

삼성은 우리나라에서 가장 돈이 많은 기업이고, 우리나라에서 언론에 가장 많은 광고를 하는 기업이다. 한국 언론은 광고 매출에 절대적으로 의존하고 있고, 그 말은 곧 삼성이 광고를 주지 않으면 심각한 경영적 타격을 입을 언론사가 많다는 의미다. 지난 2007년 10월, 삼성 구조조정본부 김용철 팀장이 이건희 회장 비자금과 불법 뇌물제공을 폭로했을 때, 이를 적극적으로 보도한 한겨레와 경향신문 등은 이후 삼성의 광고를 받지 못했고, 그야말로 괴멸적인 타격을 입었다. 한겨레와 경향에 광고하는 기업 자체가 많지 않았고, 그러다 보니 역설적으로 이 두 언론이 삼성 광고에 의지하는 비중은 무척 컸다. 결국 삼성이 광고를 중단하자 다른 언론사보다 훨씬 더 큰 타격을 입을 수밖에 없었다.

삼성으로 대표될 뿐, 결국 한국 언론은 기업에 의존하고 돈에 의존하고 있다. 삼성과 롯데가 싸우면 더 큰 광고비를 지불하는 기업 편이 되고, 롯데와 정부가 싸우면 정부는 기업 발목 잡기나 하는 반시장적·반기업적 정권이 된다. 하물며 기업과 노동자들이 싸우면 누구의 편을 들까?

"월급에서 자존심이 나온다"며 월급 올려달라 투쟁하는 기자들이, 다른 노동조합의 임금인상 요구에는 "때가 어느 때인데 기업 발목을 잡냐"며 윽박지르고, 정규직으로만 이루어진 기자들이 비정규직의 고용보장을 위한 싸움은 "무임승차", "철밥통"이라며 조롱해댄다.

언론의 염치는 돈 앞에 무릎 꿇은 지 오래다. 저널리즘은 돈에 매달려 있다. 그러니 돈 없고 권력 없는 사람들에겐 그렇게 비정한 언론이, 일개 기업의 사장급 인사에게 무릎 꿇고 한 푼 달라고, 자리 하나 달라고 실실 웃어가는 것이다.

'삥 뜯는' 기자,
직원에게 '강매'하는 언론

언론이 제공하는 상품은
독자의 알 권리라는 기본권을 위한 것이다.
그래서 언론은 특별한 취급을 받는다.
이 언론이 지역사회를 휘젓고 다니며
사익을 취한다면
더는 언론이라 부를 수 없는 것이다.

기자의 조건과
'아무나' 기자

  2020년 12월, 청주지검은 지역 일간지 모 기자와 인터넷 매체 모 기자를 폭행 및 강요 등의 혐의로 재판에 넘겼다. 한 기자는 공무원을 때리고 협박했고, 또 다른 기자는 공무원을 협박해 의무 없는 일을 강요했다고 검찰은 주장했다. 이 기자들은 폭력 조직에서 활동한 바도 있다.

  이 사람들은 대체 왜 기자 명함을 들고 다니며 이런 일을 벌였던 걸까? 아니, 애초에 어떻게 이런 사람들이 기자가 되었을까? '기자'라는 직업을 얻기 위해서는 어떤 공부가 필요하며 또 어떤 준비를 해야 할까? 정답은 이렇다. 기자가 되기 위해서는 아무 조건도 필요 없고, 어떤 공부도 할 필요가 없으며,

아무런 준비를 할 필요가 없다. 그냥 기자를 하고 싶으면 언론사에 들어가면 된다.

기자라는 직업을 조롱하는 것 같지만, 기자가 되기 위한 조건이 없는 것이 이상적이다. 기자는 타인의 말을 듣고, 이해하며, 이를 통해 알아낸 사실의 조각을 꿰어 진실을 맞춰가는 사람이다. 그리고 이렇게 맞춰진 진실을 또 다른 타인에게 가장 쉽게 전달해 그 상대방을 이해시켜야 하는 직업이다. 여기에 무슨 자격이 필요하며 무슨 공부가 필요할까?

사람들과 대화를 나누는 방법을 가르치는 수업은 존재하지 않는다. 글을 잘 쓰기 위해서는 많은 책을 읽고, 또 많이 써봐야 하지만 특별히 자격증이 필요한 것도 아니다. 집요함으로 사실을 모아 진실을 맞추기 위해 토익점수가 필요한 것도 아니다.

옛날에는 대학 나온 '인텔리'가 기자가 됐지만, 그 인텔리라고 토익 점수며 자격증이 있었던 것은 아니다. 지금 기자가 되기 위해 많은 분이 잠자는 시간을 줄여가며 토익 공부하고, 여러 자격증도 따고, 지망생끼리 모여 토론도 하며 시사 상식을 넓혀가지만, 그건 기자가 되기 위한 것이 아니라 언론사에 입사하기 위한, '취업 준비'일 뿐이다.

기자가 되기 위한, 기자 노릇을 잘하기 위한 '조건'이란 것은 존재하지 않는다. 지금 한국 사회에서 기자가 된 분들은, 그 어느 때 기자가 된 사람들보다 공부도 잘하고, 토익 점수도 높고, 다양한 자격증을 가지고 있다. 하지만 이 시대 한국 사회에서 기자들은 높은 평가를 받고 있지 않다. 그저 기자가 되는 것보다 더 중요한 건, 어떤 기자가 되느냐는 것이다. 한국 언론사가 벌여 놓은 기자 인력시장은 이 질문을 던지지 않는다.

지역사회로 가면 이 문제는 더욱 심각해진다. '못 배우고', '스펙이 짧다'는 의미에서 아무나 기자가 되는 것이 아니라, 자신의 이권과 특정인의 이익을 위해 아무나 기자가 된다. 앞서 기소된 저 두 기자는 자신의 직위를 이용해 지역사회 내의 이권에 개입했다. 지역민들이 잘 보지 않는 지역신문일지라도, 기자들은 해당 지역 공무원들에겐 당사자의 근무 평가를 바꿔 놓을 수 있을 정도로 갑의 지위에 있는 사람이다.

직원에게 신문 강매하며
건설사 운영하는 사주

지역사회에서 1년 정도 기자 생활을 한 바 있다. 서울의 기자들도 권력 주변에 미무는 경향이 강한데 지역의 기자들은 더 심각했다. 지역 언론들은 지역 정치인, 지역 기업인, 지역 단체 단체장 같은 권력들과 단단히 결합해 운영됐다. 지역 언론 자체가 특정 목적, 이를테면 사주의 이권에 활용되기 위해 만들어지는 경우가 상당했기 때문에, 기사의 타깃 독자층도 관공서의 공무원들이나 지역 유지로 맞춰졌다. 그러니 일반 시민들의 삶과 관심사와는 점점 멀어질 수밖에 없다.

이런 지역 언론의 구조는 기자들의 일탈을 방치, 아니 오히려 적극 권장하고 있다. 이런 사례도 있다. 인천일보는 지난 2017년 5월, 노조의 요구를 수용해 이 제도를 폐지할 때까지, 지역 주재기자*들로부터 지대, 그러니까 신문 대금을 걷었다. 유료부수 1부당 월 3,000원 정도씩 걷었는데 유료부수 구독이 많은 지역은 매달 99만 원, 적은 지역은 45만 원 정도가 책정됐다. 즉, 언론사가 신문에 좋은 내용을 채워 소비자들에게 판매하는 것이 아니라, 지역 주재기자들에게 할당량을 주고 팔아오라고 한 다음, 팔았든 안 팔았든 할당량에 해당하는 돈을 주재기자들로부터 걷어갔다는 것이다. 예를 들어 330부가 배정된 의정부·양주 주재기자는 매달 99만 원을 인천일보에 내야

---

* 기사를 취재하기 위해 특정한 지역에 머물러 있는 기자다. 서울 주재, 평택 주재, 구미 주재 이런 식으로 구분할 수 있다.

하고, 150부가 배정된 과천 주재기자는 45만 원을 내야 했다.

이상한 일이다. '지역 주재기자'라고 하면 그 회사의 직원 아닌가? 회사가 월급을 주고 일을 시키는 게 아니라 직원에게 돈을 내고 일을 하라고 지시한 셈이다. 만약 100부가 할당됐는데 100부를 모두 팔면 주재기자들이 이익을 보는 것이고, 10부밖에 팔지 못하면 손해를 보는 구조다.

자, 그럼 주재기자들은 그 지역에서 어떻게 활동할까? 이건 너무 뻔한 것이다. 아무리 지역사회가 크다 해도 구독 확장은 정말 어려운 일이다. 더군다나 중앙 일간지도 끊는 판국에 지역신문을 보겠다는 사람이 몇 명이나 있겠는가? 그러니 이들은 신문을 팔아 오겠다며 기자라는 직위를 이용해 무리한 광고 영업을 하고 있다.

언론사 본사는 대체로 이들이 광고를 수령해 오면 인센티브를 함께 지급하고 있다. 신문 100부 파는 것보다 100만 원, 1,000만 원짜리 광고 얻어내는 것이 더 쉽다. 그렇게 지역 주재기자들이 생활하고 있다.

결국 지난 2010년, 전남 여수 지역의 기업들에게 광고비를 받고 본사에 입금하지 않거나 일부만 송금한 지역 주재기자들과 본사가 법적 다툼을 벌인 적이 있다. 기자 직위를 이용해 광고를 따내는 과정 자체가 논란이 될 수밖에 없다. 그런데다 그 과정에서 일부 기자들이 자기 주머니를 부풀리는 일까지 벌인 것이다.

 이들은 '기자' 명함을 들고 공사 현장의 문제점을 보도할 것처럼 협박했고, 이를 통해 광고를 받고 그 돈을 회사가 아닌 자기 주머니에 넣었다. 또 여수시에 홍보성 기사를 써주는 명목으로 역시 돈을 받기도 했다. 결국 당시 광주지검 순천지청은 지역신문 주재기자 8명을 배임수재 혐의로 구속하고 11명을 불구속 입건했다. 이런 사람들이 '기자'랍시고 지역사회를 휘젓고 있는 것이다.

 기자만의 문제일까? 언론사도 마찬가지다. 재미있는 사실은 지역 언론사 사주의 상당수가 건설업에 종사하고 있다는 점이다. 건설업은 특성상 대관업무가 매우 중요하다. 건축에 각종 규제가 얽혀 있고, 여러 차원에서 관공서의 인허가가 필요하기 때문이다. 즉 건설업자 입장에서는 공직사회에서 '을'인데, 언론사는 공직사회의 '갑'이니, 건설업자들에겐 지역 언론 운영이 필요하며, 이는 곧 지역 언론이 '언론'으로의 기능보다 건설업의 '계열사' 정도의 위치가 될 수밖에 없다는 것이다.
 최근 미디어 업계에서 호반건설의 행보가 상당한 관심을 모으고 있다. 호반건설은 광주 지역 건설사로 KBC광주방송을 소유하고 있다가 자산 가치가 10조 원을 넘기면서, 관련법에 따라 지상파 방송을 소유할 수 없게 됐다. 이에 호반건설은 전자신문 등 경제 매체 몇 곳을 이미 인수했으며, 중앙일간지 중 하나인 서울신문을 인수했다. 그리고 서울신문이 호반건설을 비판한 기획 시리즈 기사가 대량 삭제됐다.

호반건설은 KBC를 운영하며 상당한 재미를 봤다. 미디어오늘에 따르면 KBC는 2011년 호반건설이 인수한 뒤 2년간, 호반건설 홍보 관련 보도가 앞선 2년에 비해 12배나 늘었다. 또 2015년 광주시 서구 광천동에 48층 규모의 KBC 신사옥 건립을 추진했을 당시 광주시가 이에 유보적인 입장을 보이자, KBC는 뉴스 때마다 광주시를 비판하는 보도를 쏟아냈다. 어디 호반뿐이겠는가? 뉴스타파 연수생 취재팀이 지역 민방들을 대상으로 데이터 수집 기법으로 조사를 벌인 결과, 대주주들을 대상으로 한 리포트가 수백 건에 이르렀음을 확인할 수 있었다.

민주주의 사회에서 언론은 매우 특별한 취급을 받고 있다. 일개 사기업에 불과한 언론이 어떻게 공적 직위를 갖고 공공의 영역에서 활동할 수 있을까? 언론이 독자들로부터 돈을 받고 이윤을 추구하지만 제공하는 상품은 바로 독자의 알 권리라는 기본권을 위한 것이기 때문이다. 그런데 독자들에게 권한을 위임받았다며 직위를 이용해 자신의 사익을 추구한다면, 그것은 더 이상 언론이라 부를 수 없는 것이다. 그것이 기자가 됐든, 언론사를 소유한 기업이 됐든 마찬가지다.

해외 언론사도 수익 창출에 어려움을 겪고 있는 것은 마찬가지다. 또 거대 자본이 언론사를 소유하려는 현상도 비슷하다. 하지만 분명한 기준은 있다. 언론사를 A가 갖든, B가 갖든, 언론사를 소유하는 사람이 보도나 기사를 이렇게 저렇게 바꿀 수 없다는 데 있다. 유통업계의 큰손 아마존이 역사와 전통의 워싱턴포스트를 인수했지만, 워싱턴포스트는 아마존의 문제점을 1면에 쓰는 행위를 주저하지 않고 있다.

기자들은 왜
싸가지가 없나요?

인터뷰이에게
"기사를 내주니 감사하라"는 태도로 접근하고
알 권리를 위해 범죄 행위도 불사한다.
용감하고 날카로운 것과
싸가지 없는 것은 엄연히 다른 문제다.

미디어지 기자로 근무했을 때, 기자들로부터 억울한 일을 당했다는 제보를 종종 받았다. 생각해 보면 정말 별의별 일이 다 있었다. 어떤 기자는 출입처 직원에게 전화해 자료를 가져오라 지시했는데, 자료를 늦게 가져왔다는 이유로 그 직원의 얼굴에 종이로 된 자료를 홱 뿌렸다. 아침 드라마처럼.

또 다른 기자는 지정된 좌석이 없는 출입처 기자실에서 일하다가 볼 일이 생겨 자기 소지품 일부를 책상에 올려놓고 나갔다. 그런데 돌아와 보니 다른 기자가 그 자리에 앉아 있었던 거다. 그러자 이 기자가 기자실을 관리하는 아르바이트 직원을 쥐잡듯이 몰아붙였다. 심지어 거기서 그치지 않고 본사 직원에게 전화해 "기자실이란 모름지기 기자가 편해야 하거늘 이 직원과 함께 있는 게 불편하니 내쫓으라"고 종용했다.

또 잘 알려진 사건이 있다. 쿠키뉴스의 한 기자는 지인의 민원을 해결해주려다 담당 직원이 이를 거절하자, 해당 직원이 돈을 받았다는 허위사실을 기사로 써 버렸다. 그런데 억울함을 견디지 못한 직원은 결국 극단적 선택을 했다. 재판부는 기자에게 실형을 선고했지만 출소 후 또 다른 매체에 취업해 다시 기자가 됐다.

위의 사례는 최근 10년간 있었던 일이다. 지금은 그나마 기자의 지위와 체면이란 것이 바닥에 떨어져 있는 상황이다. 지금도 이런데 기자가 대단한 직업으로 취급받았던 과거에는 어땠을까? 정말 난장판이었다고 한다. 기자라는 이름으로 식당을 협박해 무전취식을 한 사람도 참 많았다고 하고, 음주운전해놓고 단속에 걸리면 경찰에게 "내가 느그 서장하고 사우나도 가고, 밥도 먹고, 술도 먹고 다 했다"고 큰소리치며 입건을 피했다고 한다.

"너 몇 기야?" 여전한 선후배 문화
"기사 내줘서 고맙지?" 여전한 특권의식

개인적으로 많진 않지만 이런 취재 저런 취재를 경험해 봤는데, 세상 가장 힘들었던 취재가 바로 기자들을 대상으로 한 취재였다. 한국 기자 사회 문화 중 하나가 바로 '선후배 문화'이다. 몇 연도에 기자 시험에 합격했다는 걸 중심으로 상대방의 나이가 많든 적든, 상대방이 어떤 사람이고 어떤 지식을 가지고 있든, 상대방이 어떤 상황이고 어떤 기분이든 상관없이 서로를 선배 혹은 후배라고 부르곤 한다. 물론 대부분의 기자는 선배 입장이라고 해도 후배에게 쉽게 말을 놓는 등 함부로 대하지는 않는다. 그런데 아주 일부, 특히 기자들 비위非違 관련 취재를 할 때는 꽤 흔하게 이 선후배 문화가 등장하곤 했다.

"거기 지금 내게 전화 거는 후배님은 혹시 몇 년 차신가"라는 말은 곤란한 질문을 던질 때마다 들었고, "기자 생활 그렇게 하는 거 아니니 정신 똑바로 차리라"는 훈계는 답하기 어려운 질문을 던질 때마다 들었다.

기자들에게 불만이 있어 언론 비평 매체를 찾아온 분들은 이런저런 사연을 떠나, "기자들은 참 싸가지 없다"는 푸념을 하곤 하셨다. 물론 아주 일부의 일탈을 어떤 직업적 특성으로 규정하는 건 확대해석임이 분명하나, 기자들이 타인을 대할 때 가지고 있는 아주 미묘한 직업적 태도는 분명 있다.

몇몇 인터뷰이들도 이걸 느낀 모양이다. 어떤 뮤지션은 기자에게 인터뷰 제안을 받았는데, 시간을 들여 자기 콘텐츠를 이야기하는 만큼 인터뷰비를 받아야 한다고 생각했던 것 같다.

기자는 거절했고 인터뷰는 무산됐다. 방송 출연의 경우 출연료를 받는 것이 보통이지만 사실 뉴스나 기사의 한 부분으로 인터뷰가 이루어질 경우에는 출연료나 인터뷰비를 지급하는 사례를 개인적으로는 보지 못했다.

사실 기자 입장에서 인터뷰이는 고마운 존재다. 자신의 시간을 굳이 쪼개 기자와 만나고, 자신의 콘텐츠를 나눠 기사를 풍성하게 만들어주니 그렇다. 그래서 인터뷰를 할 때 부족하나마 과거 인터뷰 사례도 찾아보고, 인터뷰이와 관련된 정보를 많이 수집해 최대한 짧은 시간 안에 강렬한 기사를 뽑아내고 싶어 하는 기자들도 많다.

그런데 반대로 생각하는 기자들도 솔직히 적지 않은 편이다. 인터뷰이를 대하면서 "우리 매체에서 인터뷰해주는 것이 네게 기회가 된다"는 식의 태도를 보이는 것이다. 악의적이진 않지만 미묘하게 느껴지는 교만함. 그중 어떤 기자들은 아예 대놓고 인터뷰이에게 "기사를 내주니 감사하라"는 태도로 접근하는 경우도 있다. 이러니 인터뷰가 상당히 불쾌한 경험이었다는 인터뷰이가 많았고 어느 기자, 어느 매체와는 다시는 인터뷰하고 싶지 않다는 이들도 종종 있다.

자신감이 비틀어졌을 때
싸가지 없는 기자가 탄생한다

지금이야 그런 일은 없겠지만, 불과 십몇 년 전만 해도 수습기자에 선발돼 경찰에 출입하면, 경찰서장실 혹은 형사과장실 문을 발로 차고 들어가는 연습을 선배들이 시켰다고 한다. 이 의미 없는 무례함의 이유는 그럴싸하다. 기자들이 상대하는 사람들이 대부분 어떤 형태든 권력을 가진 사람들이기 때문에, 기죽어선 안 된다는 것이다.

분명 그런 면은 있다. 기자가 기죽어 있거나 소심하면, 권력자에게 묻고 싶은 질문을 하지 못하게 된다. 멀리서 찾을 것도 없이 내가 그랬다. 성격이 워낙 소심해 시민들에게 말을 거는 것도 무척이나 어려웠다.

특히 권력을 가진 분들은 속되게 말해 '기가 센' 분들이 많다. 나는 사람 눈을 똑바로 바라보며 말하는 것이 좀 어려운 편인데, 정치인들은 습관적으로 상대방과 눈을 맞추며 대화한다. 또 그런 사람들은 대체로 목소리가 크고, 대화의 속도도 빠르고, 대화 화제를 이끌어가곤 한다. 그런데 기자가 여기에 후루룩 딸려가면 묻고 싶은 것, 물어봐야 할 것을 묻지 못한다.

그런 기세에 눌리지 않기 위해서는 분명 자신감이 있어야 한다. 그 자신감의 원천은 기자라는 직업에서 올 수도 있고, 다니는 언론사라는 배경에서 올 수도 있다. 문제는 그 자신감이 한 번 몸에 장착이 되면 그걸 벗어야 할 때 벗지 못한다는 데 있다. 상대방이 허세를 부리지 않음에도 기자가 허세를 부리면 그건 그냥 그 기자가 '싸가지 없는 것'으로 받아들여질 수밖에 없다.

이것이 중증이 되면 기자라는 직업을 가진 개인과, 국민의 알 권리 실현이라는 사회적 책무를 가진 기자라는 직군을 등치시키는 지경에 이른다. 예를 들면 이런 일이 있었다. TV조선 기자가 드루킹 사건을 취재하면서 드루킹 일당의 본거지였던 느릅나무 출판사에 몰래 들어가 태블릿PC를 훔쳐 온 일이 있었다.

국민의 알 권리를 위한 의욕이 과했다고 포장할 수도 있지만, 현행법상 엄연히 '절도'에 해당하는 범죄다. 통상 범죄가 벌어지면 수사기관은 단독범행인지 혹은 누군가의 지시를 받고 범행을 저질렀는지 수사한다. 이 과정을 수사하던 경찰은 TV조선에 압수수색 영장을 법원으로부터 발급받아 압수수색을 시도했다. 그런데 TV조선 기자들이 문 앞으로 나와 언론 탄압을 중단하라며 압수수색을 막았다. 물론 걱정된 부분도 있었을 것이다. 압수수색 하면서 수사기관이 TV조선 기자들이 취재하던 다른 정보를 가져가면 어떻게 할 것인가? 하지만 이 건은 기사나 방송 내용에 문제가 있다며 벌인 압수수색이 아니라, 절도라는 범죄 때문에 벌어진 압수수색이다. 함부로 압수수색을 할 우려가 있다면 검경이 발부받은 법원의 영장을 확인하고, 영장에 제시된 압수물만 가져가도록 옆에서 지켜보면 될 일이다.

기자라는 직업은 분명 민주주의 사회에서 중요한 역할을 담당한다. 대부분의 언론사는 이익을 추구하는 사기업이고, 대부분의 기자는 각자의 생활을 영위하는 직장인이지만, 공적인 역할을 수행하기 때문에 법과 사회로부터 많은 보호를 받는다. 그렇다고 그것이 기자가 무슨 짓을 해도 보호받는다는 의미는 아니다. 개인의 문제, 언론사의 문제를 저널리즘의 가치로 보호받으려 한다면, 비난을 받을 수밖에 없다. 용감하고 날카로운 것과 싸가지 없는 것은 분명히 다른 문제다.

INTERVIEW

나쁜 기자 비난보다, 좋은 기자 발견이 먼저

임자운

'삼성 반도체 희귀질환 업무상 재해 사건'의 노동자 측 변호인이다. 현 법무법인 〈지담〉 소속 변호사. 사법연수원 42기. 사법연수원 수료와 함께 로펌 대신 '반도체 노동자의 건강과 인권지킴이(반올림)'로 출근했다. 한국 언론에 가장 큰 영향력을 미치는 삼성과 싸우면서 언론의 명암을 본 목격자이자, 과거 KBS 저널리즘 비평 프로그램 〈저널리즘 토크쇼 J〉의 출연자이기도 하다.

임자운 변호사가 일하고 있는 법무법인 지담 사무실은 서울 강서구 마곡동에 있다. 주변에 법원도 없고 검찰지원 하나 없는, 대규모 디스플레이 공장과 아파트가 자리한 신도시에 법무법인 사무실이 있는 것 자체가 의외다.

그런데 '임자운 변호사'가 일하는 사무실이라고 생각하면, 마곡은 그의 법무법인이 있기 딱 어울리는 곳이다.

한국 사회에서는 지렁이도 용이 된다는 '등용문' 사법시험, 그 사법시험을 통과하고도 임자운 변호사는 노동자들과 함께하는 공익 변호사를 선택했다.

그것도 삼성이라는 한국 사회 주류 중의 주류와 맞서 싸우는 길을 택한 그에게 디스플레이 노동자들과 함께하는 마곡의 사무실은 적확하다. "왜 마곡에 사무실이 있나요?" 나의 물음에 임자운 변호사는 답했다. "함께 일하는 분의 집이 여기서 가까워요". 응?

(인터뷰 당시) 〈저널리즘 토크쇼 J〉에 출연하시는 걸로 알고 있다. 언론 비평이란 것이 어떤 자격이 있어야만 하는 것은 아니지만, 언론도 사람이 하는 일인지라 타인의 직업적 행위를 평가하는 것이 사실 쉽지 않은 일인데 어려움은 없나?

▶ 사실은 그것이 이 프로그램에 출연하면서, 제일 큰 고민 중에 하나다. 최근에도 그런 이슈가 있었는데, 한겨레와 삼성과 관련된 일이었다. 한겨레 출신 기자가 삼성으로 이직해서 이재용 부회장의 가방을 들어주는 모습이 있었는데, 최근 이재용 삼성전자 부회장의 구속 관련 건(2020.6 이재용 부회장 구속영장 기각)을 가지고 언론 비평을 하다가 그런 얘기가 나왔다.*
삼성은 기자들을 적극적으로 자사로 끌어오고, 기자들은 견제 대상인 삼성의 홍보실로 간다. 그 한 사람 한 사람, 개인의 모습이 사진에 포착된 것이고 '가방 셔틀'이라는 표현으로 대중들에게 접근됐다. 그리고 그런 이미지나 표현은 분명히 대중에게 어필하는 효과적 측면이 있다. 다른 설명을 할 필요 없이 이미지로 전달하는 것이다.
그러나 그 이미지나 표현은 기자들에게는 필요한 비판이라는 생각을 넘어

---

* 삼성 비판 기사를 쓰던 한겨레 기자가 삼성에 스카웃되어 임원이 되었다. 이재용 부회장이 구속영장 기각 후 구치소를 나설 때, 이 부회장의 종이가방을 받아드는 모습이 포착되면서 구설에 올랐다.

서, 상처가 될 수도 있을 것 같았다. 특히 한겨레 기자들 그리고 기업의 힘을 비판하고 견제하는 기자들, 그 현장에 있는 기자들 입장에서는 비평을 저렇게까지 해야 하냐고 생각할 수 있다. 사실 그 기자가 삼성에 어떻게 간 것인지 그 경위를 모르기도 하고.

어쨌든 대중에게 언론 비평을 효과적으로 어필하기 위해 뭘 어떻게 해야 할지 고민하는 것도 중요하지만, 언론 비평은 기자들에게도 메시지가 전달돼야 한다고 본다. 그 과정에서 충돌하는 점이 있는 것 같다. 다만 이런 고민은 패널들뿐 아니라 제작진도 해 왔던, 해 오고 있는 고민이기도 하다. 우리 사회에 언론에 대한 혐오가 있는데 이 속에서 저널리즘 비평이 기자들에게 어떻게 전달될 것이냐에 대한 고민이 있는 거다. 저널리즘 비평이 기자들의 관심에서 멀어지면, 방송에 한계가 있지 않을까?

생산자에게 울림을 주는 것도 중요하지만, 결국 소비자들의 입장에 설 수밖에 없는 것이 언론 비평이다. 임자운 변호사는 반올림이란 시민단체에서 활동해왔는데 삼성은 한국 언론에 군림하는 최고 권력이다. 활동가로서, 그리고 언론 소비자로서 어려웠던 점은 없었나?

▶ 함께 고민하는 언론사가 몇 곳 있었다. 나머지는 아예 포기했다. 나는 박근혜 정부가 시작되면서 반올림에 합류했지만 사실 반올림은 2007년부터 시작됐다. 그리고 그때는 훨씬 더 상황이 어려웠다. 고故 황유미 씨(삼성

기흥 반도체 공장에서 일하다 급성 백혈병에 걸려 2007년, 23세의 나이로 사망) 산재가 인정되기 전이었기 때문에, 삼성 반도체 문제는 반올림 한쪽의 일방적인 주장인 상황이었다. 심지어 노동계에서도 소외된 주장이기도 했다. 그때는 믿기 어려웠던 거다. 아무리 그래도 삼성이라는 기업에서 나쁜 물질을 썼겠느냐는 거다.

우리야 근거를 가지고 있었지만 노동계에서 받아들여지는 것조차 어려웠다. 그러다 행정법원 판결(2011년 서울행정법원, 고故 황유미 씨, 고故 이숙영 씨 산재 인정) 후 공신력을 얻었다. 이전에도 반올림 이야기는 소수의 언론만 관심을 갖고 있는 상황이었고, 행정법원 판결 뒤에도 여전히 아주 일부만 보도하는 문제였다.

내가 반올림에 들어간 후에도 소통은 늘 그 언론들과만 했다. 물론 보도자료를 뿌리기는 했지만 기자들이 안 오니까. 방송 카메라 들고 오는 데는 뉴스타파뿐이고 큰 건이 있어야 JTBC가 왔다. 그때는 지상파는 아예 포기했었다. 신문이나 인터넷 언론은 한겨레, 경향, 미디어오늘, 오마이뉴스, 프레시안, 민중의소리, 매일노동뉴스 등 이 정도였다.

사실은 그분들이라도 있으니까 도움을 받는 거다. 개인적으로 친하게 된 기자들 몇 명은 아주 오랫동안 이 문제를 들여다봤기 때문에, 우리가 부연 설명을 해주지 않아도 잘 아는 분들이 많다.

우리로서는 보도자료라는 것이 한계가 있기에 언론에 한 줄 나오는 것이 컸다. 언론이 분명 공신력을 가지고 있기에 학생, 시민들을 대상으로 설명하기도 좋다. 언론 비평 프로그램을 하면서 드는 고민도 그런 것이다. 나쁜 기자들 많다. 많은데 좋은 기자들이 있어서 그들을 한통속으로 매도하고 싶지 않다.

그럼 나쁜 기자들 얘길 해볼까? 활동하면서 개인적으로 가장 충격을 받았던 보도가 있었나?

▶ 반올림이 한창 언론으로부터 공격받았을 때였다. 그때 토론회에 나가면서 언론 수위 분석을 한 적이 있다. 그랬더니 삼성 백혈병, 삼성 반도체 직업병으로 검색을 해보면 기사가 거의 없다는 사실을 확인했다. 한 달에 몇 십 건도 안 됐다. 그러다가 삼성이 뭔가 발표할 때, 이를테면 삼성 반도체 공장이 어디에 문을 열었을 때, 새 휴대폰을 출시했을 때, 기사량이 확연히 급증했다.

이런 경우도 있었다. 삼성 반도체 노동자였던 박지연 씨가 역시 백혈병으로 2010년 사망했다. 언론에서는 '또 사망'이란 제목이 올라왔다. 고인에 대한 추모행렬이 있었고 사건을 규명하라는 목소리도 커졌다. 그러고 나서 한 달 정도 후, 삼성전자가 창사 이래 처음으로 반도체 생산 라인을 언론에 공개했다. 그때 그곳에 견학 간 기자들의 기사에 "클린룸에 티끌 하나 못 들어간다"라거나, "반도체 공정 백혈병과 무관"하다거나, "최첨단 설비·자동화로 수공정이 거의 없다"라는 제목이 달렸다.

심지어 "청정한 공간에서 유해물질을 찾아볼 수 없었다"는 표현도 있었는데, 발암물질이 눈에 보이나? 게다가 "청명한 하늘"이니 "삼성의 로고가 봄 날씨와 어우러진다"라느니, "대학 캠퍼스에 온 것 같다"느니 시적인 표현까지 들어가 있었다. 반올림은 아예 없는 취급을 했다.

없는 취급을 넘어 반올림에 대한 언론의 마타도어도 상당했었다.

▶ 2014년 5월, 권오현 당시 삼성전자 대표가 갑자기 사과했다. "저희 사업장에서 일하던 직원들이 백혈병 등 난치병에 걸려 투병하고 있고 그분들 중 일부는 세상을 떠나셨다. 안타깝고 가슴 아픈 일로, 이분들과 가족의 아픔과 어려움을 대하는데 소홀한 부분이 있었다"는 내용이었다. 하지만 반도체 공장과 피해자들과의 인과관계는 인정하는 것이 아니라고 했다. 알맹이 없는 사과였던 것이다. 그래도 삼성이 처음으로 직업병 피해자들이 존재하고 있다고 인정한 발언이었다.

그 이전부터 삼성과의 교섭이 있었는데 계속 파행되고 지지부진했던 상황이었다. 그런데 권오현 씨가 갑자기 사과하고 나서 교섭단 주체가 바뀌었다. 그전에는 법무팀이 중심이었는데 이후 커뮤니케이션팀이 전면 배치된 것이다. 기자 출신들이 앞으로 나왔고 그 이후부터 보도가 확 떴다.

그동안에는 이 문제가 없는 문제로 취급됐었는데 이후 해결되고 있는 것처럼 보도가 나오기 시작한 것이다. 이제 막 교섭을 시작하는데 '순조로운 해

결국면'으로 나온 것이다. 교섭이 시작되면서 피해 가족들의 기대감이 생기고, 우리도 기대감이 있기는 했었지만……. 그런데 이후 삼성 측 교섭단이 피해자를 가르기 시작했다. 우리는 피해 가족 전체에 대한 보상을 요구했는데, 삼성 측은 교섭단으로 나온 피해자분들에 대해서만 보상을 하겠다고 했다. 또 사과나 재발방지 대책도 뒤로 미루겠다고 했다.

너무 뻔한 거였다. 이분들에게는 몇억씩 받는다는 메시지를 주고, 다른 피해자 보상 문제의 힘을 빼려는 거다. 우리는 당연히 반대했다. 하지만 삼성은 그 말만 고집했고 우리는 내부에서 흔들리기 시작했다. 6명이 삼성 말대로 하자고 했고, 그래서 가족대책위가 나왔다.

삼성은 가족대책위의 말을 피해자의 말로 해석하고 피해자도 아닌, 저 운동권 때문에 어렵게 됐다고 주장했다. 그리고 언론의 반올림에 대한 공격이 시작됐다. 사실 숫자 싸움을 하자면 가족대책위원회는 6명이고, 우리 측 피해자는 수십 명이었지만 우리는 6명의 가족들을 절대 비난하지 않기로 했다. 그런데 생판 모르는 경제지 기자들이 전화해서 자꾸 가족대책위를 어떻게 생각하냐고 묻는 거다. 또 가족대책위원회 분들을 인터뷰해서 반올림을 비난하는 얘기가 나오기 시작했다. 그때가 가장 힘들었다.

삼성 반도체 직업병 피해자 문제 해결을 위한 조정위원회가 만들어졌는데, 이건 어떻게 만들어진 것인가?

▶ 언론의 비판이 계속되고 갈등이 부각되는 와중에 삼성 측과 가족대책위원회는 조정위원회를 만들자고 요구했다. 우리는 그동안 교섭을 해온 것이 있는데 왜 갑자기 3자가 끼냐, 협상만 더 늦어지는 것 아니냐고 반대했는데 양측이 이미 발표를 해 버렸다.

그때 조정위원회에서 김지영 위원장(전 대법관, 현 삼성준법감시위원회 위원장)이 선임됐다. 그리고 김지영 위원장은 우리에게 공문을 보내 참여를 요청했다. '이 교섭의 의미를 잘 알고 있다'는 완곡하고 정중한 글이었다. 우리로서는 같이 하는 피해 가족들이 언론에 상처받고, 또 교섭이 지지부진해 상처받으니 힘에 부치는 상황이었다. 그래서 김지영 위원장을 믿고 한 번 가보자, 이렇게 된 거다.

조정절차가 시작됐고 권고안이 나왔는데 내용이 괜찮았다. 꽤 구체적으로 삼성이 사과를 어떻게 할지 담겨 있었고, 보상과 재발방지에 대한 구상도 있었다. 우리는 환영한다는 입장을 발표했는데, 이번엔 삼성과 가대위가 반대했다. 그리고 언론은 조정 권고안을 초법적이라며 공격하기 시작했다. 삼성 측은 자체 보상 절차를 열어서, 한 마디로 '알아서 하겠다'는 입장을 밝혔다. 그러자 언론이 이걸 또 대서특필했다. 8년 만에 직업병 문제가 해결됐다고······.

그때부터 노숙농성을 시작했다. 한편으로는 피해 가족들이 삼성으로부터 보상을 어떻게 받냐고 물으면, 우리는 삼성의 일방적 보상 절차를 반대했지만 안 배해 드렸다. 그럴 수밖에 없었다. 피해 가족들이 요구하는데 어떻게 말리나? 그런데 언론은 우리가 보상 신청을 못 하도록 하고 있다고 비판했다.

그리고 삼성이 보상 절차를 열었는데 우리가 가서 규탄집회를 했다. 피해 가족분들, 김미선 씨(삼성 LCD 공장에서 일하던 중 다발성경화증이란 희귀질환이 발병했다. 시신경으로 증상이 번져가 1급 시각장애인이 되었다) 등도 부축을 받고 오셔서 힘들게 발언했는데, 그때 서울경제의 기사가 아직도 기억에 남는다. 그 기사는 지금은 못 찾겠는데 가족들이 울면서 발언한 것을 두고 "누구를 위한 눈물인가"라는 말을 한 거다.

피해 가족은 찬성하고 있는데 활동가 집단이 반대하는 것처럼 얘길 한 거다. 분명히 피해 가족들이 기자회견에 있었는데, 그 말을 싹 빼고 반올림 활동가 말인 것처럼 기사가 나갔다. 너무 화가 났었다. 소수의 매체를 제외하고는 모든 언론에서 마치 해결된 것처럼 얘기하는 상황에서, 방법이 없어서 노숙농성을 하게 된 것이다.

이런 상황에서 김지영 위원장이 안타까웠는지 재발방지를 위한 원 포인트 교섭을 하자고 제안했고, 이에 대한 합의안이 나왔다. 그런데 이 상황을 두고 마치 모든 문제가 해결된 것처럼 보도가 나올 것이라 생각했다. 그래서 황상기 아버님(고故 황유미 씨 부친, 반올림 활동가)이 "우리 가서 웃지 말고, 절대 악수하지 말자"고 했다. 실제로 악수도 거부했고 아버님 표정이 매우 어둡게 나왔다.

하지만 언론의 논조는 역시나 다 끝난 것 같은 분위기?

▶ 그때 언론에서는 이 문제가 끝났다는, 천 건 이상의 기사가 나왔다. 우리는 농성을 아직 하고 있는데……. 언론은 처음에 반도체 직업병이 말도 안 된다고 보도하다가 8년 만의 해결, 9년 만의 해결, 이렇게 보도했다. 그리고 반올림만 저러고 있다, 반올림은 뭔가 있는 집단이라며 비난을 가했다. 마치 보상은 관심 없고, 삼성을 이용해 입지를 다지려는 조직인 것처럼…… 문화일보에서 그런 표현이 나왔는데 제목이 "반올림은 반대만 해온 8년"이었다. 반올림이 피해 가족들을 힘들게 하는 투쟁집단이라서 삼성이 받아주기 어렵다는 얘기였다. 그게 삼성이 원하는 방향이었던 것 같다. 삼성이 원하는 해결 방향이 있는데 활동가들과 황상기 아버님, 그리고 뚝심 있는 피해 가족 힘으로 원하는 해결이 안 되니까 분열을 시키고 반올림을 걸림돌 취급했다. 그리고 그런 프레임이 언론에 제대로 먹혔다.

기자마다 생각이 다를 텐데, 똑같은 결과물이 나오곤 한다.

▶ 언론의 보도가 한창 심각할 때, 경제지 기자가 지인을 통해 연락을 해왔다. 삼성 출입하는 분인데, 반올림과 삼성의 설명이 너무 다르고 좀 이상해서 반올림 얘기를 듣고 싶다는 거였다. 그런 사람은 처음이었다. 그래서 만나 얘기를 나누었는데, 궁금한 걸 다 물어보더니 이해가 된다고 하더라.

그 말은 바꿔 얘기하면 지금까지는 이해가 안 됐는데 기사를 썼다는 거 아닌가? 그래서 왜 그렇게 기사를 썼냐 했더니 그 기자가 하는 말이 "기자들은 관심이 없어요"였다. 기사를 쏟아내긴 하지만 홍보팀에서 얘기하니까 받아쓰는 거다. 그리고 그게 일인 거고. 밥벌이니까 나도 이해한다. 삼성을 옹호해줘야겠다는 차원이 아니라 그냥 그런 직장생활을 하고들 있는 거다. 다만 그 직업이 언론이고 사회적 영향이 있다는 것뿐이다. 허탈해졌지만 그렇게 이해하려고 했다. 그런데 대체 책임은 누가 지는 건가?

얼마 전 이재용 부회장이 삼성 경영과 관련한 사과를 했다. (2020년 5월 6일, 이재용 삼성전자 부회장은 4세 승계-무 노조 경영을 포기하겠다고 선언) 이후 보도를 어떻게 봤나?

▶ 다 같은 맥락이다. 삼성이라는 그룹 주변에는 기자가 많고 그 많은 기자가 홍보팀과 얼마나 관계를 잘 맺어 왔겠나? 채널A 기자 '생파'한 것을 봐라. 그 기자는 외부에 자신의 모습이 어떻게 비칠지를 전혀 생각하지 않은 것이다. (채널A 소속 모 기자와 동아일보 소속 모 기자는 2020년 5월 30일에 삼성SDS 전무, 홍보팀 직원 3명 등과 생일 파티를 열고 본인의 SNS에 이 사진을 올렸다.)
우리야 기자들 입장에서는 관계도 없는 이상한 사람들일 것이다. 삼성 노동조합 활동가들도 마찬가지일 테고. 〈저널리즘 토크쇼 J〉 시즌1 때 정준희 교수가 '스톡홀름 신드롬'을 얘기한 적이 있었다. 삼성에 포획된 기자들은 자신을 정당화하는 본능이 발휘된다는 거다. 이 기자들은 삼성을 대변하는 것이 아니라 국가 경제를 위하는 것이라 생각할 것이다. 나라를 위해 삼성이 잘 돼야 한다고 생각할 것이다. 하지만 삼성 문제의 핵심은 제왕적 조직 문화다. 그리고 이를 극복할 수 있는 것은 건전한 비판이다.

소수자 문제에도 관심이 많은 것으로 알고 있다. 한국 언론은 소수자 문제에 별로 관심이 없다.

▶ 왜 그래야 하지? 이런 생각이 있지 않을까? 그리고 상품성이 없다. 우리나라 독자들은 언론사 홈페이지를 찾아가지 않고 포털에 노출되는 기사만 본다. 그러다 보니 독자들은 보고 싶은 기사만 보고, 노출되는 기사만 접하게 된다. 이를 만드는 것이 상품성이고 상품성은 자극적인 기사다.

지금 포털 중심의 언론 소비가 소수자 외면에 크게 기여한다고 본다. 장애인권, 성소수자. 중요한 이슈고 재미있는 기사인데, 관심을 갖기까지가 굉장히 멀다. 상품성 위주의 언론 소비문화, 소수자 내용은 불편하고 굳이 보고 싶지 않다는 대중들의 생각이 있는데, 이에 영합하려는 문제의식 없는 기사들이 문제다.

언론 개혁을 위한 기자들의 자세, 무엇이 필요할까?

▶사회운동·시민운동에 참여하면서 느끼는 것은 좋은 사람은 계속 나온다는 것이다. 시민사회에서는 세대교체가 안 이루어진다는 말이 있다. 하지만 반올림 농성장에 찾아오는 대학생들을 보면 분명 좋은 생각을 갖고 있고, 의지도 있고, 의욕도 있다. 이분들이 잘하는 일, 하고 싶은 일을 해 나갈 수 있도록 환경을 만드는 것이 우리 역할이다.

나는 그러기 위해서는 좀 엉뚱한 얘기지만 우리 사회에 만연한 언론 혐오를 바꾸는 것이 필요하다고 본다. "기자들은 다 그래.", "한겨레 기자는 돈 없는 조중동이야." 왜 이런 얘기가 나오는지는 알 것 같다. 그런데 사실 좋은 기자들도 많다. 그래서 삼성과 싸우는 일이 힘들지만은 않았다.

나쁜 기자를 비난하는 것보다 좋은 기자를 칭찬함으로써 선순환을 만든다?

▶ 그렇다. 사실 노동 문제나 소수자 문제에 접근하는 순간 기자도 활동가도 다들 힘든 삶을 살아야 하고 점점 더 불편해진다. 그래도 잘 들여다보면 꼭 그렇지만은 않다. 활동가들은 돈은 못 벌어도 쉬고 싶을 때 쉴 수 있다. 조직 내 문화가 다르겠지만 노동건강권을 얘기하는 반올림 같은 경우에는 교섭 국면에서 핵심 인원이 한 달 휴식이 필요하다면 쉴 수 있다. 진보언론

도 조직문화에서 노동 존중의 문화가 있는 것 같다. 최근 남성 기자들도 많이 육아 휴직도 하고.

노동자들을 위한 법이 계속 뒤로 밀리는 이유는 뭐라고 보나?

▶ 노동자를 위한 법 대척점에는 기업이 있다. 반대 여론을 만들기 쉬운 거다. 김미숙 어머님이 김용균법*을 만들기 위해 고생을 많이 하고 28년 만에 전면 개정을 만들어냈는데 내용을 들여다보고 놀랐다. 아니 대체 이게 뭐가 바뀐 거냐? 그런 큰일이 벌어졌는데 보완된 법이 고작 이거였나? 속사정을 들어보면 전경련 등에서 엄청난 로비를 했고, 그 로비를 받은 야당 의원들이 엄청난 반대를 했고, 거기서 타협점을 찾다 보니 그렇게 된 거다. 노동자를 위한 모든 법은 기업이 싫어해서 반작용이 크다.

국회가 그걸 못 이겨내는 이유는 성향이나 관점이 기업에 가깝기 때문일 수도 있지만, 기업이 세게 나오면 이분들도 위축이 된다. 가령 작업환경보

---

* 2018년 12월 충남 태안화력발전소 하청업체 비정규직 노동자 김용균 씨가 석탄 이송 컨베이어 벨트에 끼어 사망했다. 시신은 사고 다섯 시간 후에 발견되었다. 야간에 2인 1조로 근무하는 게 원칙이지만 혼자 근무한 것으로 밝혀졌다. 이후 '위험의 외주화' 방지를 비롯해 산업 현장의 안전규제를 강화한 산업안전보건법(산안법) 개정안이, 2018년 12월 27일 국회를 통과해 2020년 1월 16일부터 시행됐다. 김용균 씨의 어머니 김미숙 씨는 2019년 26일 산업재해 피해자 돕는 '김용균재단'을 만들어 활동하고 있다.

고서라고 해서 작업 중 어떤 유해 물질이 있는지 작성된 보고서를 달라고 하면 기업에서 나와 난리를 치는 것이다. 기업이 그렇게 힘이 세다. 삼성의 실력은 신뢰하지 않지만 로비는 정말 잘한다. 의원실은 로비를 당했다는 생각도 못 들 만큼.

정말 담대하게 의지를 갖고 용기 있게 밀어붙일 수 있는 의원들이 지금 몇 명이나 있을까? 사실 많이 없어도 된다. 환경노동위원회에 강단 있는 몇 분만 있으면 된다. 일단 지금은 지켜봐야지.

3

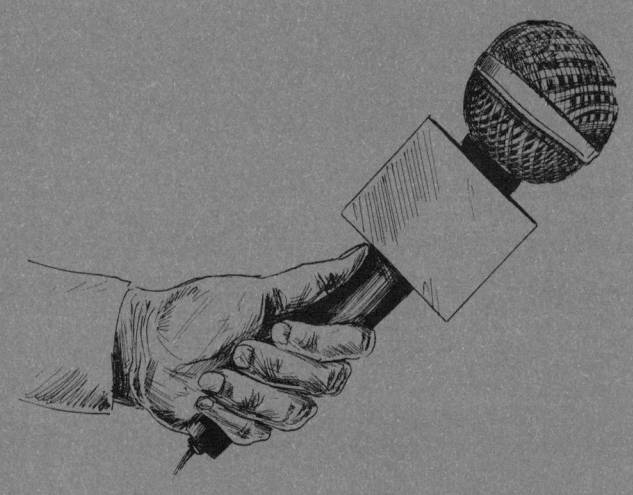

족쇄가 된 조직, 그리고 기레기

"

과거에도 있었지만
과거와는 다른, 언론 불신

일제강점기에도 언론 비평은 있었고
독재정권 시절에도 비판이 있었지만
이렇게 광범위한 불신은 아니었다.
문제는 한국 언론 전체가
이 결과를 자초했다는 것이다.

기자 생활을 처음 시작할 때만 하더라도 내 꿈은 한겨레에서 일하는 것이었다. 뭐 굳이 한겨레가 아니라고 해도 좋은 매체에서 기자 생활을 했지만……. 그만큼 기자 생활을 하는 데 있어 언론사라는 소속은 당연히 가져야 하는 것이라고 생각했다. 그때는 그것이 상식이었다. 지금처럼 프리랜서 기자로 일할 수 있을 거라고는 상상도 하지 못했다. 현재 프리랜서이다 보니 내 플랫폼이 없고, 내가 글을 쓸 수 있는 곳도 없고, 취재할 수 있는 영역도 없다. 하지만 생각해 보면 어디든 내 플랫폼이 될 수 있고, 책으로라도 글을 쓸 수 있고, 누구나 만나서 무슨 얘기든 할 수 있다. 물론 지금 내가 그걸 제대로 하고 있다는 건 아니다.

그런데 소속이 있었을 때의 나도 그렇고 또 다른 기자들도 마찬가지인데, 언론사라는 조직에 소속되었다는 것이 오히려 족쇄가 되는 경우도 있었다. 언론사는 당연히 나만을 위해 존재하는 조직이 아니다. 그러다 보니 내 뜻과 다른 일을 해야 할 때가 있었다. 시도 때도 없는 인사에, 누구 하나 자리를 비우게 되면 남이 맡던 영역을 떠맡아야 할 때도 있다. 내가 하고 싶은 취재, 내가 중요하게 생각하는 것들이 데스크의 관심사와 전혀 다를 때도 많았다.

선배들은 왜 기사 안 나오냐 난리, 후배들은 왜 내가 이걸 해야 하냐고 난리, 누구는 다 못 해 먹겠다고 난리, 그럼 데스크는 네가 땜빵 좀 해달라고 난리……. 사실 언론사뿐 아니라 어느 조직이나 가진 문제이자 고민일 것이다.

앞선 글이 기자들과 독자들의 관계, 기자들과 독자들이 왜 점점 멀어지는가에 대한 고민이었다면, 지금부터는 언론사 안에서 무슨 일이 벌어지고 있고 왜 이런 일이 벌어지고 있는지에 대한 고민이다.

발전적 비판에서
무작정 불신으로

영국 옥스퍼드대학 산하 로이터 저널리즘 연구소가 2020년 발표한 언론 신뢰도 조사에서, 우리나라 언론은 고작 22%의 신뢰도를 기록하며 조사 대상 38개국 가운데 꼴찌를 차지했다. 일시적인 현상이 아니라 무려 4년 연속 최하위다.

이런 현실을 언론인들이 모르는 게 아니다. 또 답답함을 토로하는 언론인들도 많다. 조직문화와 분위기를 거론하며 이러니 독자들이 언론을 외면한다고 푸념하기도 하고, 무슨 기사 하나 쓰면 여기서 쥐어뜯고, 다른 기사 하나 쓰면 저기서 비난한다며 한숨짓는 기자도 있다. 또 여전히 악플에는 적응이 안 된다는 기자도 있다.

그런데 솔직히 그럴 수밖에 없다. 이 땅에 5천만 명이 넘는 사람들이 살고 있고, 한 사람 한 사람의 생각이 완벽하게 일치할 수 없다. 게다가 과거처럼 언론이 보도를 내면 사람들이 혼자 생각하고, 집에서 비평하고, 친구들끼리 모여서 욕하는 시대는 지나갔다. 누구나 온라인에서 자기의 생각을 표출할 수 있는데, 굳이 댓글까지 남기는 수고를 감수하면서 뭔가 의견을 내고 싶다면 그건 아마 비난일 가능성이 크다.

언론에 대한 불신이 어느 때보다 높아진 것은 사실이지만 언론에 대한 비평 통로가 적었을 뿐, 그동안 언론 비평이 없었던 것도 아니다. 일제강점기에도 매체 비평은 있었고 독재정권 시절에도 언론 비판이 있었다. 게다가 비판을 남기기 이렇게 쉬운 세상이라니! 또 댓글을 달더라도 차분히 생각을 정리해서 정제된 언어로 댓글을 달 시간은 우리 국민에게 없고, 그럴 이유도 없다. 아울러 언론은 비판의 자유를 위해 언제나 표현의 자유를 상당히 높은 가치로 둔다. 그렇다면 독자들의 비판의 자유, 표현의 자유를 막을 방법? 사실 없다.

물론 바뀐 시대상만으로 설명할 수 없는 부분도 있다. 특정 언론에 대한 비판이 '안티 조선'이라는 시민사회 운동으로 표출된 적은 있지만 그것도 이렇게 광범위한, 아예 언론 전반에 대한 불신은 아니었다. 조선일보에 대한 비판은 한겨레에 대한 응원으로 이어지거나, 조선일보를 비판하면서 가치 중립·비정파적 언론에 대한 갈구로 나타났다. 하지만 지금의 흐름은 그렇지 않다. 불신은 언론계 전반에 걸쳐 있으며, 그렇기 때문에 대안을 언론에서 찾으려 하지도 않고, 불편부당不偏不黨이란 가치가 반드시 공정한 가치라 생각하지도 않는다.

사람들의 생각은 왜 변했을까? '나꼼수'가 언론을 하도 비판해대니 그렇다는 등 대안매체의 등장을 이유로 꼽는 분들도 있고, 독자들의 정파성이 강해지면서 자신의 지지 정당에 편을 들지 않으면 모두 비난하는 세태, 이른바 '확증편향'을 이유로 꼽는 분도 계시다.

하지만 이 얘기는 안 할 수 없다. 한국 언론 문화 전체가 이 결과를 자초했다는 것이다. 어떻게 언론 비판의 흐름이 특정 언론사가 아닌, 언론 전반에 대한 불신으로 이어졌는가에 관한 질문에서 빠질 수 없는 주제가 있다.

바로 2014년 4월 16일, 세월호다.

세월호 참사,
기레기가 된 언론들

오보가 난무했고
자극적인 제목이 포털에 횡행했다.
실종자 가족들은 어느 언론도 신뢰하지 않았고,
기자들에 대한 극도의 혐오감이 생겼다.

”

    2014년 4월 16일 아침, 단원고 학생들을 포함해 승객 476명이 탄 여객선 세월호가 전라남도 진도군 관매도 부근 해상에서 침몰했다. 속보가 나왔고 많은 사람이 걱정했다. 하지만 그 걱정은 오래가지 않았다. 단원고 학생들이 전원 구조됐다는 뉴스 속보가 나왔기 때문이다.

    부끄럽지만 기자인 나도 전원구조 속보를 보고 참 다행이란 생각만 했다. 그날의 일상이 다시 시작됐고, 점심시간이 됐고, 동료들과 김치찌개를 먹으러 갔고, 밥을 먹었다. 그러면서 오늘 무슨 뉴스를 취재하고 또 편집해야 하는지, 또 이런저런 사는 얘기도 했다.

    그런데 점심시간이 끝난 후 사무실로 돌아와 뉴스 전문 채널을 틀어보니 상황이 완전히 달라져 있었다. 전원구조는 오보였고 지금 가라앉고 있는 저 배 안에 수백 명의 학생이 타고 있다는 사실을 알게 됐다. 혼란스러움을 넘어 정신이 아득했다. 왜지? 대체 왜? 왜 아이들이 아직도 저 안에 있는 거지? 침몰 중이라는 속보가 오늘 아침에 나왔는데, 왜 지금 이 시간까지 사람들을 저 안에서 구하지 못한 거지?

이날 언론은 엉망진창이었다. 이해되는 면은 있다. 기자라고 바다 위에 나갈 수 있는 것도 아니고 물속에 들어가 바닷속 상황을 볼 수도 없다. 할 수 있는 건 당국의 발표를 기다리는 것뿐이다. 그래, 분명 어쩔 수 없는 측면은 있다. 충격적인 참사 앞에서 우왕좌왕할 수도 있다. 그럴 수는 있다.

당시 내가 다니던 회사도 곧바로 기자를 파견했고 며칠 뒤 나 역시 현장에 갔지만, 나라고 현장에서 무엇인가를 할 수 있는 것은 아니었다. 정부의 현장 브리핑, 가족들의 목소리, 그리고 현장에서 벌어지는 일들을 기록하는 것 말고 나는 아무것도 할 수 없었다.

세월호 참사,
저열하고 무책임한 언론의 생중계

기자들은 무력했지만 그래도 언론의 신뢰가 땅에 떨어진 것이 그 무력함 때문은 아니었다. 언론인들이 배를 들어 올리지 못했다고, 산소통 메고 바닷속에 들어가 실종자들을 구하지 못했다고 실종자 가족이나 국민이 언론을 혐오했던 것이 아니다.

언론은 엉망진창이었지만 더 큰 문제는 저열하고 무책임했다는 것이다. 실종자들의 행방을 알 수 없는데 우리나라에서 제일 큰 언론 중 하나라는 MBC는 실종자 가족들이 가족이 사망한다면 보험금을 어떻게 받을 수 있는지를 보도했다. 인터넷 포털에서는 세월호 침몰과 영화 타이타닉을 비교하는 기사가 나왔고, SK텔레콤이 실종자 가족에게 긴급 구호품을 보내기로 했다는 뉴스를 전하면서, '잘 생겼다~'는 SKT의 CM송 가사를 제목에 넣었다.

사망한 아이들의 책상 서랍을 뒤져 기사를 쓴 기자도 있었고, SBS와 KBS는 홀로 구조된 여섯 살 아이에게 부모의 행방을 묻는 인터뷰를 했다. 단원고에 죽치고 있던 기자들은 담배를 피우고 꽁초를 학교에 버렸다. 저널리즘은 '기삿거리' 앞에 나뒹굴고, 언론은 돈과 윤리 앞에서 망설임 없이 돈을 선택했다. 그 배신감에 실종자 가족들과 많은 국민이 치를 떨었다.

우리 국민은 언론의 보도가 어떻게 이뤄지고 있는지, 그야말로 적나라하게 목격하고 말았다. 정부가 "사상 최대의 구조작전을 펼치고 있다"고 하면, 적어도 기자들은 그 말을 검증해

보도하는 줄 알았다. 그런데 실상은 전혀 그렇지 않았다. 정부 당국의 무책임한 말들이 아무 검증 없이 진실로 보도됐고 그 옛날 80년 광주처럼, 팽목항은 고립됐다.

팽목항의 밤, 사고 현장임을 알 수 있는 조명탄 한 발 외에 볼 수 있는 것은 아무것도 없었다. 하지만 연합뉴스는 "해군과 해난구조대, 소방 잠수요원, 민간 잠수사, 문화재청 해저발굴단 등 구조대원 726명이 동원됐고, 함정 261척, 항공기 35대의 장비가 집중 투입됐다"고 했다. (이후 전해진 바에 따르면 동시에 투입된 잠수사는 10명이 안 됐다.)

실종자 가족들이 발을 동동 구르며 무엇이든 해달라고 애원하고 울부짖었지만, 에어 포켓이 있을 수 있다는 희망과 함께 "최선을 다하고 있다"는 당국자의 발언만이 뉴스에 나왔다. 결국 실종자 가족들이 폭발했고 정부와 언론에 대한 불신과 비난이 쏟아졌다.

그러자 언론은 그 분노를 받아안을 누군가를 앞세웠고, 유병언과 구원파 찾아내기에 혈안이 됐다. 이들이 얼마나 비상식적이고 얼마나 무책임한지 보도를 쏟아냈다. 이 과정에서 유병언 아들이 소심한 목소리로 뼈 없는 치킨을 주문했다는 희대의 뉴스 속보가 탄생했다. 지금 이 순간에도 "그건 사고 아니냐, 이제 죽은 사람들을 마음에 묻을 때가 됐다"는 사람들이 있지만, 아직까지도 해결되지 않은 가장 큰 궁금증은 구조 작업이 대체 어떻게 이루어졌길래 이렇게 많은 사람이 한 번에 죽었어야 했냐는 점이다. 언론은 세월호 선장의 "가만히 있으라"는, 방송에서 한 말 때문에 이런 결과가 벌어졌다고 선장을 비난했지만 그때 해경은 뭘 했는지, 청와대는 뭘 했는지, 이 진실이 입체적으로 드러나야 제2의 세월호 참사를 막을 수 있다.

그동안 아는 사람만 알았던 언론의 문제점은, 전 국민을 비탄에 빠지게 한 대형 참사를 계기로 그대로 드러났다. 속보 경쟁이 이어지면서 오보 한 번 안 낸 언론을 찾기 어려웠고, 자극적인 기사 제목이 포털에 횡행했다. 실종자 가족의 마음을 대변하지 못했고 출입처에 의존하며 자료를 받아썼다. 실종자 가족들은 어느 언론도 신뢰하지 않았고, 신뢰를 넘어 아예 기자들에 대한 극도의 혐오감이 생겼다.

지금부터는 우리 언론이 왜 이렇게 됐는지, 언론사 안이 어떻게 돌아가고 있는지에 대해 보고, 듣고, 겪은 이야기를 말해보고자 한다.

카메라 밖에서만 질문하는 기자들과 '오프 더 레코드'

한국 기자들 입장에서 보면
카메라 앞에서 질문할 이유가 전혀 없다.
'백 브리핑'이라고 하는 2차 브리핑 때
훨씬 더 가깝게 정치인과 대화할 수 있고,
밀도 있는 질의응답을 할 수 있기 때문이다.

"

2017년 1월이었다. 국회 탄핵안 통과로 직무가 정지된 박근혜 전 대통령은 기자회견을 자청했다. 다만 브리핑룸에서의 공개 기자회견은 아니고, 일부 언론사 소속의 기자들만 배석시킨 채 국정농단을 둘러싼 여러 가지 의혹을 해명하는 자리였다. 그런데 그 모습이 사진으로 찍혀 나왔을 때 많은 국민이 황당해했다. 박근혜 전 대통령을 둘러싸고 서 있는 기자들이 대통령의 말을 수첩에 받아적거나 앞에 손을 모으고 경청하고 있었기 때문이다. 공손한 자세 자체가 문제는 아니다. 기자들이 짝다리를 짚었으면 그대로 또 문제가 됐을 수 있다. 물론 나는 대통령과 기자들이 소매 걷고 팔짱 낀 채로 대화를 나누는 것도 나쁘지 않다고 보지만.

이 논란의 핵심은 그동안 기자들이 박근혜 전 대통령에게 송곳 같은 질문을 하지 않아 왔다는 것이다. 질문하지 않는 기자들. 이 대전제로 인해 당연히 갖춰야 할 예의와 공손한 자세가 '굴종'으로 받아들여진 것이다.

"저럴 거면 왜 청와대에 있나"라는 비난이 쏟아졌고, 백악관에서 미국 대통령과 공손함을 유지하면서도 논쟁을 벌이던 기자들의 모습이 나올 때마다 우리 기자들과 비교가 됐다. 한미 정상회담 당시 오바마 미국 대통령이 "이번에는 한국 기자들이 질문했으면 좋겠다"고 했지만, 아무도 손을 들지 않았던 낯 뜨거운 모습에 부끄럽다는 댓글이 쏟아졌다.

백 브리핑에서 기삿거리가 쏟아진다
질문 없는 기자를 생산한 출입처 제도

질문하지 않는 기자의 모습은 출입처 제도의 실체를 단적으로 보여준다. 사실 나 역시 공개적인 장소에서 질문을 잘하는 기자는 아니었다. 주목받는 걸 별로 좋아하지 않다 보니 사람들 앞에서 질문하면 말이 꼬이는 경우가 많았고, 그러다 보니 그 자리에서 질문하는 것보다 다른 자리에서 질문하는 것이 훨씬 더 효과적이었기 때문이다.

정치부를 예로 들어보면 이렇다. 정치인들은 기자들, 정확히 얘기하면 방송사와 신문사 카메라 앞에서 1차로 기자회견을 한다. 그리고 거기서 끝나지 않는다. 카메라 앞에서 준비된 원고를 읽고 나면 기자회견장 문 앞에서 기자들과 질의응답을 한다. 때문에 한국 기자들 입장에서 보면 카메라 앞에서 질문할 이유가 전혀 없다. 이른바 '백 브리핑'이라고 하는 2차 브리핑 때 훨씬 더 가까운 거리에서 정치인과 대화할 수 있고, 밀도 있는 질의응답을 할 수 있기 때문이다.

그러니 공식 브리핑에서 질의응답을 하는 것보다 백 브리핑에서 질의응답을 주고받는 게 훨씬 효율적이고 기사 재료를 건지기도 쉽다. 다른 기자들은 기자회견장이 아닌 기자회견장 문 앞에서 기다리고 있는데, 굳이 카메라 앞에서 정치인들에게 질문하는 것도 그들이 사는 세상에서는 참 눈치 보이는 일이다.

어떻게 보면 이런 모습이 출입처의 폐쇄성을 그대로 보여준다. '카메라 뒤에서 대화를 나눈다는 것'. 그것은 기자가 취재한 사실을 독자에게 가감 없이 보여주는 것이 아니라, 필요에 따라 사실을 넣고 뺄 수 있다는 점을 보여준다. 생방송 중 오가는 기자들의 질의응답이 어떤 사실을 재가공하지 않은 그야말로 '날 것'이라면, 백 브리핑을 통해 오가는 기자들과 취재원들의 질의응답은 필요한 재료를 빼내 가공하는 요리에 가깝다.

취재원들은 기자들과 대화하면서 습관적으로 '비 보도'를 전제하고, 기자들은 관습적으로 이를 받아들인다. 어떤 사건이 발생했을 때 취재원들은 이 사실은 언론에 보도되지 않았으면 하지만 기자들을 이해시키기 위해 "오프(오프 더 레코드)"라고 말하며 상황을 설명하고, 기자들은 그 부분은 따로 데스크에게만 보고하고 기사에 쓰지 않는다.

사실 우리나라 정치 기사 대부분이 '이 당에서 난리', '저 당에서 난리'와 같은 기사라 오프 더 레코드가 딱히 우리 삶에 큰 영향을 끼치는 것은 아니다. 하지만 이 '오프'를 주고받는 행위가 너무 비일비재하다.

'오프'가 가장 활발한 법조계
억울한 피의자의 목소리가 묻힌다

이 '오프 더 레코드'가 극적으로 활용되는 분야가 바로 몇 년 전 언론계에서 가장 큰 논란이 된 법조계이다. 수사권은 국가가 부여하는 공적인 권위로 이를 부여받은 주체는 검찰과 경찰뿐이다. 당연히 강제 수사를 통해 사실관계를 많이 확보할 수 있는 검사는 기자와 정보에서 큰 격차를 가질 수밖에 없다. 기자들이 어떤 사건에 있어 사실관계를 가장 쉽고 또 빠르게 알아내는 방법이 바로, 검사들의 입을 통해 사건의 실체를 파악하는 것이다. 그러니 수사기관이 일방적으로 흘리는 기사를 피의자나 사건 관계인에게 따로 묻지 않고, 즉 '크로스 체크' 없이 언론이 일방적으로 쏟아내는 경우가 많았다. 재판에 가면 검사는 한 축이고, 피고인과 변호인이 다른 한 축이며, 이 두 축의 주장을 종합해 재판부가 결론을 내리는 방식인데 우리 언론 보도에서는 이 두 축 가운데 피고인이라는 한 축이 아예 무시된다.

현행범이거나 증거가 명백한 경우는 그럴 수 있지만, 사실관계를 다투거나 법리적 해석에 차이가 있을 때는 이 상황이 크게 문제가 된다. 언론이 유죄를 입증해야 하는 검찰의 주장을 일방적으로 싣다 보니, 공소사실을 부인하는 피고인은 재판이 끝나기도 전에 이미 돌이킬 수 없는 피해를 입게 된다.

군사정권 시절 수많은 가짜 간첩 사건이 그랬고, 이춘재 연쇄살인 사건의 8차 범인으로 몰렸던 피해자, 약촌오거리 살인 사건의 범인으로 몰려 억울한 옥살이를 한 분이 그랬다. 언론은 수사기관의 무능을 탓하지만 수사기관의 뒤만 쫓아다녔던 언론 역시 사건의 실체에 조금도 접근하지 못했다.

억울하다는 그들, 그리고 그 주변인들의 목소리에 귀를 기울였으면, 최대한 많은 언론인이 그랬다면, 그래서 사건의 실체에 궁금증을 갖는 국민이 많았다면, 재판이 물에 밥 말아 먹듯 후루룩 진행될 수 있었을까?

검사들은 공개된 브리핑이 아닌, '티타임'이란 이름으로 기자들과 만나 피의사실을 슬쩍슬쩍 흘리고 '단독 경쟁'에 혈안이 된 기자들은 날름날름 받아먹으며 피의자의 반론 하나 없이 기사들을 쏟아냈다. '피의사실 공표'는 법을 집행하는 검사들도, 검사들이 법을 제대로 집행하는지 감시해야 하는 기자들도 신경 쓰지 않았고 사문화된 법으로 만들었다.

나를 포함해 카메라 앞에서 질문하지 않는 기자들은 카메라 밖에서 출입처 취재원들과 친밀감을 만들고 누가 더 그들의 입에서 새로운 얘기를 많이 꺼내는지 경쟁했다. 이 과정에서 진실은 중요하지 않았다. 누가 더 빨리, 누가 더 많이 남들이 몰랐던 얘기를 가져오는가가 중요했다.

출입처가 필요하다면 취재 행위는 가급적 공개적으로 이뤄져야 하는 것이 맞다. 피의사실 공표 금지가 국민의 알 권리를 침해한다면, 공개적인 장소에서 책임 있는 사람들이 질문을 주고받는 것이 맞다. 그런데 한국 언론은 자꾸 자기들의 '단독', '특종' 욕심을 국민의 알 권리로 포장하며 문제를 바꾸려 하지 않고 오늘도 카메라 뒤편에서 취재원과 만난다.

누구를 위한
엠바고인가?

생사가 오가거나 국제 행사일 경우
보도유예, 즉 엠바고는 필요하다.
그런데 때로는 무의미한 엠바고를 깨야만
언론의 역할을 수행할 수 있다.

"

2021년 2월 24일, MBC 뉴스데스크는 '단독'을 달고 〈벚꽃 추경 19.5조 원 '확정'〉이란 제목의 보도를 냈다. "더불어민주당과 정부가 4차 재난지원금을 위한 올해 첫 추경안 규모를 19조 5천억 원으로 결정했다"는 내용이었고, "더불어민주당은 추경안을 최종확정하고 이달 18일까지 처리하는 방안을 추진할 계획"이라는 정도의 사실관계만을 담았다. 솔직히 독자 입장에서는 관심도 재미도 없는, 그리고 아직 통과된 것도 아니니 큰 의미도 없는 보도였다.

이 의미 없는 보도가 한국 언론사에 또 다른 의미가 됐다. 이 보도 때문에 MBC가 앞으로 6개월이나 기획재정부 출입을 할 수 없게 된 것이다. 기획재정부를 출입하고 있는 기재부 기자단은 MBC 징계를 두고 투표했고, 투표에 참여한 54개 사 중 38개 사가 '출입 정지 6개월'에 표를 던졌다. 아니 뭐 엄청난 것도 아니고, 그저 그런 단독 기사 좀 썼다고 어느 매체 기자의 관공서 출입을 막다니? 이게 있을 수 있는 일인가? 이것이야말로 언론 탄압이 아닌가?

미디어오늘 보도에 따르면 사건 개요는 이렇다. 기획재정부는 2월 23일 오전 10시, 기획재정부 기자단을 대상으로 더불어민주당과 정부가 4차 재난지원금을 위해 편성한 올해 첫 추경안 규모를 설명하는 '엠바고 브리핑'을 진행했다. (솔직히 그렇게 많은 기자 앞에서 공식 브리핑을 했으니, MBC의 '단독'이란 표기도 우스운 일이다.) 그리고 며칠 뒤 이를 조금 더 상세히 설명하는 '상세 브리핑'을 진행하기로 했고 '엠바고'를 걸었다.

엠바고, 쉽게 풀면 '보도 유예'. 한 마디로 어떤 일이 벌어졌는데 그 뉴스의 주체가 이를 기자들에게 알려주면서 언제까지 보도하지 말아 달라고 요청하는 행위다. 또는 기자들끼리 이러저러한 사정으로 언제까지 보도하지 않기로 약속을 하는 행위이기도 하다.

기획재정부 기자단은 기획재정부의 엠바고 브리핑을 받아들였고, 이 엠바고는 '포괄적 엠바고'로 정해졌다. 포괄적 엠바고란, 기재부를 출입하는 기자들뿐 아니라 기재부에 출입하지 않는 기자들, 혹은 다른 기자단에 소속된 기자들도 보도해서는 안 된다는 의미다.

대체 이런 걸 왜 하는 걸까? 알았으면 보도하면 되는 거지. 몇 월, 며칠, 몇 시 이후에 보도하라는 규칙은 왜 생겨난 걸까?

생사가 오가거나 국제 행사일 경우
엠바고는 필요하다

엠바고가 필요한 순간은 분명히 있다. 예를 들어 누군가의 목숨과 안전이 달린 일이 그렇다. 인질극이 벌어지고 있고 경찰이 구조를 위한 작전계획을 수립했다. 그런데 기자들이 이 사실을 잘 모르고 언제 구조하냐느니, 대책은 있느냐느니 등의 기사를 써대면 국민이 이 뉴스를 보고 불안해하거나, 인질범들이 자극을 받을 수 있다. 그럴 때 관계 기관에서 기자들을 불러 모은 뒤 "우리가 이런저런 작전으로 이렇게 구조하려고 하니, 너무 국민의 불안감을 자극할 만한 기사는 쓰지 말아달라" 하고 요청할 수 있다.

그런데 어느 매체가 그 얘기를 듣고 "경찰이 이런저런 작전을 하려고 한다"는 기사를 썼다고 가정해 보자. 작전은 폭망하고 인질들의 목숨과 안전이 위협받는 상황이 온다. 그럴 때 "이 작전계획이 성공할 때까지 엠바고를 유지해달라"고 당부

하는 건 매우 상식적인 행동이다.

  또 이런 경우도 있다. 남북 정상회담이 열리는 것이다. 이런 외교적 이벤트는 아주 사소한 것 하나에도 문제가 생길 수 있다. 그런데 기자라는 동물들이 외교적 상황을 알 리가 없을 것 아닌가? 어쩌다 취재가 이루어지면 그냥 기사를 내보내는 거다. 그럴 때 외교부에서 대략적인 윤곽만 미리 알려주고, 아주 민감한 사안이니 보도를 어느 시점까지 자제해 달라 요청할 수 있다. 이렇게 되면 기자들은 다른 경로를 통해 같은 정보를 듣더라도, 엠바고가 걸려 있기 때문에 보도를 자제하게 된다. 이렇게 선제적으로 보도를 차단할 목적으로 엠바고를 걸기도 한다. 이것도 역시 그럴 수 있다.

  아마 기획재정부의 엠바고 브리핑 역시 불필요한 보도를 차단하기 위한 목적이었을 것이다. 추경에 대한 잘못된 정보가 나가거나 너무 앞선 보도가 나가고 있으니, 어느 정도 윤곽만 알리겠다는 의도였던 것으로 보인다. 그런데 MBC는 저간의 사정을 잘 알지도 못하면서 이 엠바고 약속을 깨고 보도해버렸고, 그래서 어쩔 수 없이 MBC를 응징한 것이다.

  그런데 이렇게 이야기를 끝내버리기엔 드는 의문점이 한두 가지가 아니다. 우선 첫 번째, MBC는 관련 사실 취재를 기획재정부가 아닌 더불어민주당을 통해서 했다. 엠바고를 건 것은 기획재정부지 더불어민주당이 아니다. 그런데 기획재정부를 출입하지 말라고?

물론 아주 얄팍하게도 MBC가 우회 취재를 한 것일 수도 있다. 엠바고가 걸려 있어 보도하지 못한다고 그 정보를 들은 기자가 아무에게도 이 정보를 얘기하지 않는 것은 아니다. 당연히 자기 회사 상사에게 "이런저런 얘기가 있는데 엠바고예요"라고 보고했을 것이다. 그런데 그 정부 보고를 알고 여당 출입 기자가 슬쩍 여당 관계자를 떠봤을 수 있다. 그러면 사실관계가 틀리지 않으니 여당 관계자가 부정하진 않았을 것이고 그렇게 엠바고를 깼을 수 있다.

'제미니호 사건'
엠바고 파기에 질문을 던진다

그렇다면 두 번째 의문이 생길 수밖에 없다. 반드시 엠바고를 지켜야 하나? 아까 언급한 대로 불가피한 경우는 분명히 있다. 하지만 추경 규모가 불가피한 엠바고일까? 물론 지원금 지급 대상과 규모가 달린 만큼 누군가에겐 매우 민감한 주제임이 분명하나. 하시만 추성 규모가 벛 소냐는 난순한 사실이, 막

판 조율 중이라는 사실이, 나라가 뒤집어질 만큼 아니 어느 매체의 취재를 6개월이나 제한할 만큼 중대한 일인가?

엠바고 파기와 관련해 생각해야 할 중요한 일례가 '제미니호 사건'이다. 지난 2011년 4월, 한국인 선원들이 타고 있던 싱가포르 국적의 선박 '제미니호'가 소말리아 해적들에게 피랍되었다. 4명의 국민이 해적에 잡혀 있는데 우리 국민은 그 소식을 무려 16개월간 몰랐다. 외교통상부가 엠바고를 걸었기 때문이다. 하지만 정부는 엠바고만 걸어놨을 뿐, 그 긴 시간 동안 아무 성과도 거두지 못했다. 협상에 적극적이지도 않았다. 결국 외교통상부에 출입하지 않는 미디어오늘과 시사인이 엠바고를 깼고, 이후 여론에 떠밀려 정부가 적극 협상에 나섰으며 4개월 만에 피랍된 국민이 풀려났다.

하지만 외교통상부 출입기자들은 무려 1년이 넘는 시간 동안 엠바고가 걸려 있다는 이유로 제미니호 선원들이 피랍된 사실을 알고도 보도하지 않았고, 왜 구출하지 않냐고 더 묻지도 않았다. 정부 감시라는 언론 본연의 역할을 제대로 수행한 것인가? 이런 엠바고를 지켜야 할까?

기자단이 뭐라고
자기들끼리 엠바고를 걸고 징계를 내릴까

엠바고는 꼭 필요한 경우가 아니면 있어서는 안 된다. 특히 정부가 보도를 통제할 목적으로 사용해서는 결코 안 된다. 그런데 그런 경우에도 기자단은 쉽게 이에 응한다. 그리고 이를 넘어 기자들이 스스로의 편의를 위해 엠바고를 거는 경우도 있다. 다른 매체에서 기사를 먼저 쓰면 데스크에서 "왜 물 먹었냐"고 닦달하니까, 서로 출고 시간을 맞추기 위해 기자들 스스로가 엠바고를 거는 것이다. 아주 황당한 일이다.

그래도 위에 던진 질문들은 마지막 질문에 비하면 의문 축에도 들지 못한다. 마지막 질문, 대체 무슨 권리로 기자들이 다른 기자를 징계하고 취재를 제약하는가? 기획재정부 출입 기자단은 MBC가 엠바고를 파기했다며, MBC 기자의 기획재정부 기자실 출입을 무려 6개월이나 금지시켰다. 언론이 다른 언론의 '언론의 자유'를 훼손한 것이다. 기자단이 무엇이기에 다른 기자의 취재를 허용하고 안 하고를 결정하는 것인가?

기자단에 가입된 언론이 부처 기자실 사용료를 내는 경우가 있지만, 그것은 기자단이기 때문에 누릴 수 있는 특권이다. 이 기자단에 가입되지 않으면 수백만 원을 내더라도 기자실 한쪽에 낚시 의자도 갖다 놓을 수 없다. 기자단에 소속된 매체가 기획재정부 건물을 세운 것도 아니고, 기획재정부 1년 예산을 기자단 기자들이 내는 것도 아니다. 그런데 자기들끼리 기자단을 구성하고 다른 기자를 심사하며, 취재를 제약한다.

사실 이런 일은 한두 번이 아니었다. 검찰의 판사 사찰 의혹이 불거졌을 때, 해당 문건을 오마이뉴스가 공개하며 이것을 사찰로 볼 것인지 아닌지, 독자들의 판단에 맡긴다고 보도한 바 있다. 그리고 오마이뉴스는 1년간 법조 출입을 하지 못한다는 징계를 받았다. 오마이뉴스는 또 전과(?)가 있는데, 이재용 삼성전자 부회장의 2심 판결문을 공개했다는 이유로 역시 1년 출입 정지라는 중징계를 받았다. 기자들이 다른 매체 기자들을 징계하고, 취재를 못 하게 막고, 세금으로 운영되는 부처 건물에 앉을지 말지를 결정하고, 모두에게 공개돼야 할 각 부처의 정보를 공유할지 말지도 결정하고 있다.

서울시청 한 부서에 무단 침입한 조선일보 기자는 아예 기자단에서 제명됐고, 국방부 공무원들에게 함정을 취재해야 하니 차량을 내놔라, 배고프니 문어 숙회를 대령하라고 갑질한 뉴데일리 기자도 국방부 기자실에서 쫓겨났다. 이건 쫓아낼 수 있는데 이런 조치는 서울시청이나 국방부가 내려야 하는 것이지, 기자단은 징계를 내릴 권한도 이유도 없다.

기자단은 숱한 비판과 질타 속에서도 끈질기게 유지되고 있다. 누구에게도 위임받지 않은 권력을 휘두르고, 권한 밖의 권한을 행사하며, 타 매체의 취재를 제한하는 동시에 그들끼리 정보를 독점한다. 그리고 기자단의 이런 행태는 기자단만의 문제가 아니다. 정부 부처는 기자단을 통해 소수의 매체만 관리하고 정보를 통제할 수 있다. 국민의 알 권리를 위해 하등 도움이 안 되는 제도다. 한국 저널리즘 혁신은 이런 구태와 멀어지는 것부터 시작해야 한다.

커뮤니티 저널리즘, 염치도 윤리도 없는 조회 수 경쟁

SNS에도 커뮤니티에도 뉴스는 있다.
여기서 가장 중요한 것은 기준이다.
조회 수냐, 공익을 위한 것이냐에 따라
기레기냐, 기자님이냐가 나뉘는 것 아닐까?

포털을 넘어 SNS에서도 뉴스가 활발히 유통되던 때가 있었다. 그러자 SNS 매체를 표방하는 언론이 우후죽순처럼 생겨났다. 이것은 우리나라에서만 벌어지는 특별한 현상이 아니다. 미국의 버즈피드, 허핑턴포스트 같은 매체는 SNS에서 소비하기 간편한 방식과 쉽고 재미있는 콘텐츠로 소비자들의 욕구를 충족시켰다.

우리나라에서도 비슷한 매체들이 생겨났다. 짧은 호흡의 기사, 최신 트렌드를 반영한 기사, SNS를 바탕으로 한 쌍방향 소통 등을 기치로 내걸었다. 누구나 그렇듯이 그럴싸한 계획은 이 매체들도 갖고 있었다. 하지만 계획과 현실은 거리가 너무 멀었다. 그들이 처음의 계획과 달라진 것은 그야말로 한순간이었다.

조회 수 경쟁에서 탄생한 저질 기사

짧은 호흡의 기사는 취재 없는 기사가 됐고, 최신 트렌드를 반영한 기사는 자극적이고 선정적인 소재의 기사가 됐다. 쌍방향 소통은 댓글과 조롱, 악플의 다른 말이었다. 비슷한 매체들이 우후죽순처럼 생겨났고 각자의 명분은 달랐지만 취재 없는, 자극적인 기사라는 본질 자체는 크게 다르지 않았다. 오히려 그들끼리 벌이는 경쟁에 기사는 더 선정적이고 자극적이 됐다. 또 돈이 되니까 기성 언론들도 이 시장에 뛰어들었다.

이런 성격을 가졌던 한 언론사에서는, 기자들 모두가 볼 수 있는 곳에 커다란 모니터를 붙여 놨다. 이 모니터에서는 지금 실시간으로 어떤 기사가 많이 읽히는지, 누구의 성적·실적이 가장 좋은지를 보여주고 있었다. 주식시장 그래프처럼 조회 수(PV-Page View)가 떨어진 기자들은 낙담하고, PV가 올라가는 기자들은 안도했다.

이런 언론은 언론이 아니라 기사를 찍어내는 공장이었고, 기자들은 기자가 아니라 아무 생각 없이 물건을 만들어내는 기계였다. 누가 더 많은 손님을 끄는가, 누가 더 회사에 많은 돈을 안겨주는가가 경쟁의 포인트였다. 그러자면 기사를 잘 쓰는 건 중요하지 않았다. 그것보다는 기사를 빨리 써야 했다. 그래서 그렇게 됐다. 언론은 연예인 인스타그램을 뒤져 논란을 만들었다. 언론이라는 것들이 연예인 누구 몸매가 3등신이네 8등신이네 떠들어 대고, 방금 방송된 예능 줄거리를 요약했다. 개인 SNS에 올린 사진을 멋대로 가져와 그 사람이 관종이네 아니네 비난을 퍼부었다.

240번 버스 사건, 안산 선수 논란
갈등을 조장하는 커뮤니티 게시판 베끼기

인터넷 커뮤니티도 주요 사냥터였다. 하루에도 수만 가지 이야기들이 오르내리는 커뮤니티는 자극적인 기사를 빠르게 많이 써야 하는 기사 기계들에게는 노다지였다. 이 수만 가지 글 중, 자극적이고 논란이 될 만한 것들을 가져와 기사로 썼다. 이 커뮤니티 속 글이 사실인지 아닌지, 그것은 별로 중요하지 않았다.

2017년 벌어진 '240번 버스 논란'. 한 커뮤니티에 올라온 240번 버스 기사가 아이 혼자 버스에서 하차하고 엄마가 채 내리기도 전에 버스를 갑자기 출발시켰다는 글, 이 글은 먹이를 찾아 헤매던 기사 기계들의 눈에 띄었고 기사화가 됐다. 그리고 '논란'이 됐고 공분을 일으켰다. 아이 엄마가 기사분께 사정을 설명하고 차에서 내리게 해달라 애타게 호소했지만 오히려 기사분이 욕설을 했다는, 아예 원 글에도 찾아볼 수 없는 소문까지 덧붙어 기사가 됐다. 누구도 팩트 체크를 하지 않았고, 뉴스를 신뢰하며 분노한 사람들은 버스 회사에 전화를 걸어 버스 기사를 저주했다.

이 사건은 해프닝으로 끝났다. 서울시가 CCTV를 확인해 보니 주장과 사실은 전혀 달랐다. 차내는 혼잡했고 아이는 차 안에서 이미 엄마와 떨어져 있었으며 차량은 아이가 내리고도 충분한 시간 동안 문을 열고 기다렸다. 엄마가 상황을 알아채고 기사분께 얘기했을 때는 버스가 물리적으로 차량을 세울 수 없는 위치였다. 하지만 이 보도는 아직도 온라인에 그대로 남아 있다. 확인 없이 기사를 쓴 언론 중에 어느 하나 버스 기사분께 사과하지 않았다. 아니, '알고 보니 상황이 반전됐다'며 또 다른 자극적인 기사를 쏟아냈다.

과거 도쿄 올림픽 당시 3관왕을 차지한 양궁 국가대표 안산 선수가 '페미니스트'라는 논란이 생겼다. 이른바 '남초 커뮤니티'라는 곳에서 안산 선수의 머리가 짧기 때문에, 또는 광주여대를 다니고 있기 때문에 페미니스트라고 비난하며 심지어 금메달을 박탈해야 한다고 주장했다 한다. 일반적인 상식으로는 도저히 이해할 수 없는 주장이 우리 사회 공론장에 올라왔고, 우리나라를 넘어 세계 여러 곳에서 이 논란을 다뤘다.

　이 황당한 주장은 실존했다. 어떤 커뮤니티의 한 유저가 이런 주장을 했다. 그건 명백한 사실이다. 하지만 이 주장을 공론장으로 불러낸 것은 언론이다. 언론은 어떤 커뮤니티에 글이 올라왔다고 해서, 업데이트된 글 전부를 보도하진 않는다. 언론은 한 커뮤니티에서 그 자극적이고 황당한 글을 선택했고 공론장으로 끌고 왔다. 도대체 왜 상식적인 대중이라면 받아들이기 어려운 그 글을 굳이 사회화시켰을까?

　"안산 선수의 머리가 짧으니 페미니스트다.", "안산 선수가 여대를 다니고 있으니 페미니스트다." 이 글은 사실 그 '남초 커뮤니티'란 곳에서도 그렇게 큰 호응을 얻지 못한 글이었다. 수만 명, 수십만 명이 이용하는 커뮤니티라 한들 거기 올라오는 모든 글이 그 안에서 인정받고 동의받는 것은 아니다. 이 글 역시 댓글도 추천도 없는 그냥 지나가는 글이었다. 그런데 언론은 그런 글을 끌고 와 우리 사회의 논란이라며 소개했다.

　여성 유저가 많은 이른바 '여초 커뮤니티'에 올라온 글을 보고 쓴 기사도 있었다. 중앙일보는 미국이 제공한 얀센 백신을 예비군 및 민방위 대원들에게 접종하기로 한 것을 두고 '여초 커뮤니티'에서 비난이 쏟아졌다고 보도했다.

"어떻게 남자 먼저 맞게 하냐, 군대 다녀온 것이 벼슬이냐?"는 글이 올라왔다고 한다. 극단적으로 보이는 이런 황당한 글 역시 문제의 그 커뮤니티에 올라온 것은 분명 사실이다. 하지만 그 글 또한 정작 '여초 커뮤니티'라는 그곳에서도 호응받지 못한 글이었다. 오히려 해당 글에 달린 댓글은 이런 주장에 동조하지 않거나, 예비역 남성들에게 접종하는 이유를 설명하는 내용이었다. 그런데 중앙일보는 마치 여성들이 많은 커뮤니티에서 얀센 백신을 두고 반발이 나오는 것처럼 보도했다.

'성 갈등은 실체가 없다.' 이런 말을 할 수는 없다. 하지만 성 갈등은 이렇게 언론에 의해 증폭되고 조장된다. 많은 사람이 동조하지 않는, 생명력 없는 그 주장들이 언론의 확대 재생산을 통해 공론장으로 끌려 나왔고, 그 공론장은 그야말로 '댓망진창'이 됐다.

누가 미워서, 누가 좋아서, 누굴 위해서 기자들이 이런 행위를 한다고 볼 수는 없다. 이유는 아주 간단하다. PV가 많이 나오니까. 돈이 되니까 하는 일이다. 언론으로서 기본적인 사실관계를 확인하는 것은 하나도 중요하지 않다. 사회적 공기로서, 사회적 공론장으로서의 책임은 땅에 떨어졌다. PV로 돈이나 벌어보자는 얄팍한 신생 매체들의 문제가 아니다. 10년이 되고, 100년이 된 언론도 지금 다 하는 일이다.

대형 언론사마다 온라인 대응팀이 있고 심지어 몇몇 언론은 아예 온라인 대응 전용 매체를 만들었다. 신문이 안 팔리고 포털이나 기업이 은혜를 베풀지 않으면 먹고살 길이 막막한 상황을 모르진 않지만, 이런 얄팍한 행동은 언론에 대한 국민적 신뢰를 파괴해버렸다.

SNS와 커뮤니티는 현대 사회의 중요한 도구다. 언론도 SNS를 주목하지 않을 수 없다. 누구나 화소 높은 스마트폰 하나씩 가지고 다니는 이 시대에, 1보 뉴스와 속보가 개인 SNS를 통해 유통되는 경우도 많다.

또 SNS에도 커뮤니티에도 뉴스는 있다. 30년 독재자 무바라크를 몰아낸 이집트 혁명 당시, 세계 언론은 이집트 시민들이 쏟아낸 트위터를 보고 뉴스를 썼다. SNS, 커뮤니티 발 뉴스의 순기능도 있다. 고사리손으로 모은 저금통을 기부하는 아이들의 이야기는 커뮤니티를 통해 언론을 타고 전국 곳곳에 온기를 전하고, 돈이 없어 피자 주문을 망설이던 아이의 아빠에게 피자를 보내준 마음 착한 청년의 가게는 커뮤니티와 언론을 타고 '돈쭐'이 났다.

　뉴스를 SNS나 커뮤니티를 통해 얻어내는 것도 능력이다. 하지만 여기서 가장 중요한 것은 기준이다. 똑같이 SNS나 커뮤니티에서 뉴스를 만들어도, PV나 벌어보려는 얄팍한 마음에서 비롯된 것이냐, 아니면 공익을 고려한 뉴스 선택이냐에 따라 기레기냐 기자님이냐가 나뉘는 것 아닐까?

요새는 서울대 안 나와도 기자 합니까?

기자에게 학벌보다 중요한 것이 공감이다.
기자가 누구의 이야기를 듣고,
누구의 말에 더 공감하느냐에 따라
전혀 다른 기사가 나오기 때문이다.

대부분 기자는 명문대 출신
좋은 대학 나왔다고 좋은 기사 쓰는 건 아니다

풍문으로 도는 얘기지만 한때 유력한 대선후보였던 사람이 어떤 기자에게 "어느 대학 나왔냐"고 물어봤다고 한다. 이에 해당 기자가 "고려대를 나왔습니다"라고 답하자 허허허 웃으며 "요즘 그 학교 나오고도 기자 될 수 있나"라고 했다고 한다.

e나라지표 사이트에 있는 국민교육수준 통계를 보자. 2018년 기준으로 대학교 이상 공부를 마친 사람은 전체 국민의 49%다. 그리고 고졸이 39%, 중졸 이하가 12%를 차지하고 있다. 물론 이 통계는 어르신들까지 포함된 수치다. 젊은 사람들만 대상으로 조사하면 결과에 큰 차이가 있을 것이다. 하지만 현재의 인구구성 상 학력 분포도가 분명 이렇다.

그런데 같은 해인 2018년을 기준으로 한국언론연감에 등록되어 있는 한국 신문산업 종사자의 학력 수준을 보자. 대학 졸업이 76.5%, 전문대 졸업이 9.7%, 고졸이 6.6%다. 여론 형성에 영향이 큰, 이른바 '메이저'로 불리는 중앙언론 종사자 대부분은 대졸이고, 매체의 규모가 클수록 대졸 중에서도 특정 학교 출신 비율은 더 높아진다.

미디어오늘 보도에 따르면 1970년 이후, 우리나라에서 발행 부수가 가장 많다는 조선일보 편집국장 중 서울대 출신이 아닌 사람은 단 1명이었다. 그 1명은 일본 와세다대학 경제학과 출신으로, 조사 전인 1960년대에 이미 한 차례 편집국장을 맡았던 사람이기도 하다.

미디어오늘이 2000~2017년까지 조선일보가 진행한 신입 공채 20건을 조사한 결과 신입 기자 232명 가운데 서울대 출신 합격자는 109명으로 나왔다. 한국 국민 전체의 50% 가까이가 대졸인데, 조선일보 신입사원의 50%가량이 '서울대졸'이다. 비슷한 통계는 또 있다. 역시 미디어오늘이 지난 2014년, 정치·경제·사회 보도 책임자 등 25개 언론사 주요 간부 104명의 출신지·출신학교·나이·전공·입사연차·성별을 분석한 결과, 역시 예상한 대로 서울대·연대·고대 출신이 75%나 차지하고 있었다.

우리나라의 인구가 5,170만 명 정도인데, 그중 서울대·연대·고대 출신이 한 1% 정도 될까? 그런데 국민을 대신해 알 권리를 충족한다는 기자들, 특히 언론사의 방향을 정하는 주요 간부들의 인적 구성은 국민의 1%도 될까 말까 한 서울대·연대·고대 출신들이다.

"당연하지, 기자라는 직업을 아무나 하냐"고 따져 물을 수 있지만, 솔직히 아무나 하지 못할 것도 없는 게 바로 그 기자라는 직업이다. 기자는 그냥 기록하고 남기는 사람들이다. 한때 기자를 '선비'라고 불렀지만, 그건 기자들끼리나 하는 얘기고 그런 의식 자체가 너무 전근대적이기도 하다.

학벌보다 중요한 것은 '공감능력'

당연한 얘기지만 궁금한 것을 물어보는 건 누구나 할 수 있고, 들은 이야기를 기록하는 것도 당연히 누구나 할 수 있다. 기술이 발달하면서 눈앞에서 벌어진 사건사고 현장 사진을 찍어 올리는 것도 누구나 할 수 있는 일이 됐다. 그게 기록하는 사람(記者), 기자의 일이다. 변호사는 선비(士)라는 한자를 붙이고, 의사는 스승(師)이란 한자를 붙이고, 검사는 일하는 사람(事)이란 한자를 붙이는데, 기자는 그냥 놈 자(者)자를 쓴다.

그렇다. 기자는 그냥 기록하는 사람이다. 사람들에게 기록을 전달하는 데 있어 그렇게 유려한 글솜씨는 전혀 필요 없다. 최근 그 좋은 대학 나온 언론사 간부들이 하는 일이라 봐야, SNS나 커뮤니티에 올라온 글을 베껴 정리하라고 지시하는 수준이다. 또 꼭 좋은 대학 나온다고 좋은 기사를 쓰는 것도 아니다. 유려한 글이 필요하면 편집이라는 과정을 거치면 된다. 서울대·연대·고대 나온 기자들이 사고를 치는 것도 아니지만, 서울대·연대·고대 나오지 않았다고 사고를 치는 것도 아니다.

기자에게 더 중요한 것은 공감이다. 기자가 누구의 이야기를 듣고, 누구의 말에 더 공감하느냐에 따라 전혀 다른 기사가 나온다. 어떤 기업에서 1년에 10명 가까이, 노동자가 노동 중에 사망했다고 가정해 보자. (실제로 비일비재한 일이다) 해당 기업은 작업자의 실수라고 은폐하고 있지만, 동료 노동자들은 이 회사가 안전수칙을 잘 지키지 않았고, 빠른 작업속도를 강조하다 보니 사고가 날 수밖에 없었다고 토로했다고 해 보자.

A라는 기자는 회사의 입장에 공감하고, B라는 기자는 노동자의 입장에 공감했다고 가정하면, 이 두 기자가 쓴 기사는 하

나의 사건을 동시에 다루고 있으면서도 그 내용이 전혀 다를 수밖에 없다. A기자의 기사는 "작업 중 벌어진 실수로 추정되는 원인불명의 사망사고를 두고, 노조가 경영권을 흔들고 있다"고 나올 수 있고, B기자는 "잇달아 노동자 사망사고가 발생하고 있지만, 회사는 은폐에 급급하다"는 기사를 쓸 수 있다. 그리고 많은 사람이 이 두 기자의 기사 중, 누구의 기사를 보느냐에 따라 똑같은 사건을 두고 성격을 달리 할 것이다.

이 '공감'이라는 것은 매우 주관적인 개념이다. 그리고 그 주관은 생각보다 기자 개개인이 처한 환경에 따라 다르게 생성될 가능성이 높다. 강남 부촌 아파트에 사는 기자와, 구도심 연립주택 옥탑방에 사는 기자가 보는 세계가 같을 수 없고, 매일 아침 자가용으로 출퇴근하는 기자와 대중교통으로 출퇴근하는 기자가 느끼는 삶의 문제점이 같을 리 없다. 만화 '송곳'의 대사처럼 "서 있는 곳이 다르면, 풍경도 다르다."

언론 다양성을 위해 필요한 기자의 다양성

대한민국 국민 다수는 서울대·연대·고대를 나오지 못했다.

반면 전체 국민 대비 매우 극소수인 그 학교 출신자들이 대한민국에서 거의 대부분의 권력을 차지하고 있다. 국회의원이 그렇고, 고위직 공무원이 그렇고, 재계 주요 인사들도 마찬가지로 대부분 서울대·연대·고대 출신들이다.

단순히 그 이유로 '그들이 무조건 나쁘다'는 말을 하려는 것이 아니다. 또 반드시 서울대는 서울대를 끌어주고, 연세대는 연세대를, 고려대는 고려대를 끌어준다고 확신할 수 있는 문제도 아니다. '공감대'라는 것은 출신 대학이 같은 사람끼리 형성될 수 있지만, 재산 수준이 비슷한 사람끼리도 형성될 수 있고, 활동 공간이 같거나 취미가 같은 사람끼리도 형성될 수 있다.

다만 레거시 미디어*의 인력 구성 비율이 특정 학교를 중심으로 몰려 있다는 것, 그리고 그 구성 비율이 한국 사회의 다수가 아니라, 주류·엘리트와 비슷하다는 점은 반드시 짚고 넘어가야 할 문제다. 특히 편집국과 보도국 내 의사결정권자들인 간부들의 학력 구성 비율이 지나치게 일부 학교에 쏠려 있다는 건 매우 심각한 문제다.

기자들 사이에는 '모찌'라는 은어가 있다. 끌어주고 따라간

---

* 전통적인 미디어를 말한다. 지상파와 케이블을 포함한 TV·라디오·신문 등이 해당된다.

다는 정도로 해석할 수 있는 말이다. "반드시 그렇다"고 말할 수는 없지만, 이 모찌가 대체로 출신 학교 선후배 간으로 이루어지는 경우가 많다. 취재원도 마찬가지다. 한국 언론은 주류·엘리트를 취재 대상으로 삼고 있고 그 취재 대상 대부분이 바로 서울대·연대·고대 출신이다. 지금도 그런지는 모르겠으나 내가 국회에 출입했을 당시에는 정치인과 기자들이 회원으로 구성된 '서울대 모임', '연세대 모임', '성균관대 모임'이 실제로 있었다.

'모찌'는 끼리끼리 문화를 만들고, 끼리끼리 문화는 기사에 사적인 감정을 개입시킨다. 때로는 그 감정이 좋은 기사를 만들어 낼 수도 있지만, 이게 잘못되면 나가야 할 기사가 나가지 않고, 해야 할 비판을 하지 않는 '카르텔'이 될 수도 있다.

물론 언론도 억울할 수 있다. 서울대 출신들을 뽑는 것이 잘못인가, 공정하게 시험을 봤는데 명문대 학생들이 시험을 잘 보는 걸 어쩌란 말인가? 그런데 생각해봐야 한다. 언론은 모든 사람에게 시험 볼 기회를 주진 않는다. 거르는 이력서가 태반이고 이력서에는 졸업한 학교가 기재돼 있다.

시험이 공정한지도 생각해 봐야 한다. 지금처럼 시사 상식을 암기해 점수로 걸러내는 방식이 기자라는 직업을 뽑는데 적절하고 공정한 방식인가? 취재 과제를 주고 내보내면 넉살

좋게 다양한 사람들의 이야기를 취재해 오는 지망생들이 있는데, 그들이 반드시 좋은 대학을 나온 건 아니다. 또 여유 있는 집 자녀와 여유 없는 집 자녀를 함께 놓고 단순 암기라는 방식으로 시험을 치르면, 대체로 누가 우수한 성적을 거두게 될지 충분히 짐작 가능하다. 여유가 없는 이들은 이런저런 이유로 공부에만 집중하기 어려웠기 때문이다. 더욱이 최근 서울대·연대·고대 신입생 중 55%가 고소득층 자녀라는 통계도 나왔다. 학벌을 넘어 재산 규모, 어떻게 보면 '계급'이란 측면에서도 특정인들이 우리 사회 기득권을, 심지어 기득권을 감시하는 언론의 주류를 형성하고 있는 것이 지금의 현실이다.

 서울 강남 재건축·재개발에 문제 의식을 갖는 기자들은 필요하다. 또한 비만 오면 물에 잠기고, 골목마다 주차할 곳 없는 곳에서 아이들이 뛰어노는 현실에 관심을 두는 기자들은 절박할 만큼 필요하다. 언론의 생명은 다양성이다. 그 다양성 속에서 어떤 방향을 도출해내는 언론사가 꼭 필요하다.

 서울대 나온 사람이 기자를 해선 안 된다는 법은 없다. 하지만 기자가 반드시 서울대 출신일 필요도 없다. 작금의 언론사 인력구성을 보면 우연이 이뤄졌다고 보기 어려운, 분명한 경향성이 있다.

언론사엔 아저씨들만 '바글바글'

기자 공채 지원에 여성이 2배,
서류 통과자도 여성들이 더 많았다.
그런데 최종 합격 성비는 아주 극적으로 역전됐다.

언론사는 전 세계적으로 남성 중심 문화가 강하다. 2021년 4월 12일, 세계적인 언론사 로이터 통신이 새로운 편집국장을 임명했는데, 알렉산드라 갈로니$^{\text{Alessandra Galloni}}$란 여성이었다. 그런데 로이터 통신에 여성 편집국장이 임명된 것은 170년 역사에서 이번이 처음이었다.

우리나라도 마찬가지다. 한국언론진흥재단의 〈2020 신문산업 실태조사〉를 보면, 남성 기자는 1만 6,929명으로 전체 기자의 69.4%를 차지한 반면, 여성 기자는 7,455명으로 30.6%에 그쳤다. 전체적으로 기자 수가 줄었는데 전년 대비 남성 기자가 4.1% 준 반면, 여성 기자는 12.8%나 줄은 것으로 드러났다.

미디어오늘에 따르면 2020년 12월, 국민일보가 수습기자 최종 합격자를 발표했는데 최종 합격자 5명 중 1명이 여성이었다고 한다. 또 지난 10년간 국민일보에 취업한 수습기자 72

명을 전수 조사한 결과 남성이 74%였던 반면 여성은 26%에 그쳤다고 한다.

국민일보 채용에 응했던 응시자 중 우연히, 마침 해마다 남성들이 비교적 우수했기 때문일까? 전국언론노동조합 국민일보 지부에 따르면 수습기자 공채 전형에 서류를 낸 응시자의 성비는 여성 2명에 남성 1명이었다고 한다. 여성이 2배 많았다는 의미다. 그리고 서류 통과자도 여성들이 더 많았다고 한다. 그런데 최종 합격 비율이 아주 극적으로 역전됐다.

여성이기 때문에 국민일보 채용에 떨어졌다거나, 채용에 관여한 국민일보 간부들이 여성 응시자들을 일부러 탈락시켰다는 명백한 근거는 없다. 그런데 분명한 사실은 생물학적으로 세상의 절반은 남성, 절반은 여성임에도 불구하고 언론사라는 조직은 남성들이 대체로 의사결정을 내리고 있다는 사실이다.

2014년 미디어오늘이 국내 주요 매체의 편집·보도국장, 정치·경제·사회부장 등 주요 보직들의 성별 현황을 조사했을 때 총 104명 중 남성이 98명, 여성은 6명에 불과했다. 그리고 지난 2019년 한국여기자협회가 27개 언론사의 여성 보직 현황을 조사한 결과, 27개 언론사 115명 임원 가운데 여성은 불과 4명이었다. 국·실·본부장 등 핵심 간부는 202명 중 14명, 부·팀장은 712명 중 174명으로 24% 정도에 그쳤다.

물론 이것이 언론사만의 특징은 아니다. 한국 사회 전반적인 문제임은 분명하다. 한국 사회에서 여성들이 육아의 책임을 더 많이 지고 있는 만큼, 어떤 분야든 고위직으로 갈수록 남성들의 비중이 상당히 높은 것이 사실이다. 하지만 언론은 사회를 비추는 거울이다. 경제 활동 각 분야에서 여성들의 존재감이 떨어진다고 해서, 한국 사회 전체에서 여성들이 사라진 것이 아니다. 오히려 양육의 책임을 여성들이 부담하는 현실, 이로 인해 여러 형태의 사회 속에서 여성들이 배제되는 상황, 한국 사회에 현존하는 여러 모순을 고민하는 언론사라면, 달라야 한다.

여성 기자라고 해서 취재를 안 하는 것도 아니고, 여성 기자라고 해서 야근을 하지 않는 것도 아니다. 여성 기자라고 해서 주말에 쉬는 것도 아니며, 여성이라고 해서 기자 사회에서 어떤 특혜를 받는 것도 아니다. 그런데 채용과 승진에서 여성의 비율이 낮다면, 그것은 차별이 분명하며 남성이 특혜를 더 많이 받는 것이라고 말할 수밖에 없다.

INTERVIEW

기자 단톡방 사건 이후, 언론은 변하고 있을까

* 손가영 기자 인터뷰는 문답이 아닌, 보도 형식으로 구성되었습니다.

손가영

오마이뉴스 사회부 기자다. 미디어오늘에서 노동과 미디어 분야를 취재했다. 미디어오늘 재직 당시 남성 기자들이 단톡방을 만들어 여성 기자와 성폭력 피해자를 품평하는 등 일탈 행위가 심하다는 제보를 받고 11건의 기획 보도를 내보냈다. 2019년 여성가족부와 한국양성평등교육진흥원이 주최한 양성평등 미디어상 최우수상(여성가족부장관상)을 수상했다.

언론사 편집국은 한국 사회의 축소판이다. 한국 사회에서 발생하는 문제나 모순 대부분이 언론사 조직에서도 벌어지는 경우가 많다. 여성 혐오 문제도 그렇다. '배운 사람들'이라고 자처하는 기자들도 여기에서 자유롭지 못하다. 사회 이곳저곳에서 남성들이 비밀스럽게 '단톡방'을 만들어 심각한 성희롱을 일삼아 문제가 됐는데, 일부 기자들도 그런 범행을 버젓이 저지르고 있었다.

이른바 '기자 단톡방 사건'이다. 지난 2017년 8월, 남성 기자 4명이 단톡방에서 동료 여성 기자들을 대상으로 성희롱에 해당하는 대화 등을 나눈 사실이 드러났다. 미디어오늘에 따르면 세계일보·머니투데이·파이낸셜뉴스·아이뉴스24 기자들이 참여했고, 이들은 여성 기자들의 실명을 언급하며 신체 부위에 대한 험담을 나눴다. 또 성폭력 피해자들에 대한 이야기와 성구매에 대한 내용도 있었다.

그런데 이들 대부분은 여전히 기자로 근무하며 한국 사회의 모순을 고발하고 있다. 해당 언론사가 이들에게 세게는 감봉 3개월 정도의 징계를 내렸기 때문이다. 한국기자협회 정회원 자격 정도가 정지된 것으로 알려졌지만 기자 생활하는 데는 문제가 없다. 개인적으로 피해자에게 사과를 했는지는 모르겠지만 공개적인 사과는 어디에서도 들어본 바 없다.

취재로 입수한 성폭력 피해자 영상
기자들이 먼저 보려 혈안인 현실

오마이뉴스 손가영 기자는 미디어오늘 재직 당시, 기자 단톡방 사건을 보도하고 추적했다. 버닝썬 사건이나 승리 단톡방 사건처럼 한국 사회에 널리 알려지지 않았지만 기자 사회에 경종을 울릴 법한 중요한 보도였다.

사건을 인지한 것은 사이버 성범죄를 감시하는 DSO(디지털 성범죄 아웃)라는 단체였다. 소라넷 폐쇄 운동을 시작으로 설립된 단체로 디지털 성범죄의 문제점을 고발하고 공론화하기 위해 설립된 단체다. 한때 디지털 콘텐츠 거래소에 만연했던, 동의 없이 제작된 불법 촬영물들을 이젠 찾아보기 어렵게 됐는데 이에 큰 역할을 한 단체다. 이 DSO가 SNS에 언론인들이 온라인상에서 이런 대화를 나누고 있다며 사진 몇 장을 공유했고, 손가영 기자가 이를 보고 연락했으며, 제보자를 통해 단톡방 대화 내용을 전부 받아 분석했다.

상황은 심각했다. 일단 취재를 통해 얻은 것으로 추정되는 승리 단톡방 관련 촬영물을 이 방 안의 사람들이 돌려봤다. 한 연예인이 불법 촬영으로 심각한 고통을 겪었는데 해당 단톡방에서는 그 영상을 공유하려고 혈안이 돼 있었다.

여성들을 '품평'하는 듯한 대화 내용도 많았다. 소개팅 앱 등을 통해 매주 여성을 만나는 남성이 있었는데. 상대 여성의 사진을 공유하고 무엇을 했는지도 단톡방에 글을 올렸다. 단톡방 참여자들은 여성을 보며 성적으로 조롱했고 성매매 업소를 추천해주기도 했다. 손가영 기자는 '안 되겠다'는 판단으로 기사를 썼다.

문제가 된 사람은 4명이었지만 단톡방은 불특정 다수가 참여하는 익명의 대화방이었다. 누군가로부터 이 사실이 알려지기까지 단톡방 안에서 벌어지는 일은 침묵으로 은폐됐다. 이 사건이 알려지고 단톡방 참여자 12명이 특정됐지만 기소된 사람은 버닝썬 관련 영상을 공유한 1명이었다. 이 사람은 검찰이 벌금 500만 원과 아동·청소년 관련 기관 취업 제한 3년을 구형한 것으로 알려져 있다.

'여자애'라는 무시와 성희롱 언론사는 자성하고 있을까?

여성 기자들은 남성 기자들이 굳이 신경 쓰지 않아야 하는 부분을 신경 써야 하는 경우가 많다. 가령 남성 기자들은 취재원과 단둘이 만날 때 취재원과 신체적 접촉이 이루어지는 경우가 드물다. 취재원과 술을 아무리 먹어도 만취 외에는 위협적인 상황을 고민하지 않는다. 반면 여성 기자들은 다르다.

"친구 중에 지역에서 일하는 기자가 있는데 나이 든 경찰이 그의 손을 잡았다." "취재원이 자꾸 둘이서 술을 마시자고 연락해 오는 친구도 있다. 근데 취재원이면 거절하기가 쉽지 않다." "여성이 접대하는 술집에 불려 나가 남자들이 여성들과 노는 모습을 지켜본 친구도 있다." 손가영 기자가 말한 주옥같은 사례들이다.

"손잡는 것 정도로 너무 예민한 것 아니냐"하는 사람도 있지만, 당사자 입장에서는 불특정 다수로부터 비슷한 일이 계속 일어나면 예민해지고 불쾌해질 수밖에 없다. 내가 어렵게 느끼고 있는 취재원 한 명이 제 딴엔 친밀감을 표한다며 내 뱃살을 쿡쿡 찔렀을 때 '뭐 악의를 갖고 한 것도 아닌데'하고 쉽게 넘길 수도 있겠지만, 몇 사람이 계속 이런 일을 반복하면 "이것들이 돌았나"하고 욕이 나올 수밖에 없다.

"불쾌하면 불쾌하다고 얘길 하면 되지"라고 할 수도 있을 것이다. 그러나 "그 자리에서 즉각 반응하거나 항의하는 것은 못 본 것 같다"는 게 손가영 기자의 말이다. 또 여성 기자를 향한 성희롱을 취재원만 하는 것도 아니다.

"저도 인턴 때 회식 자리가 많았어요. 거기서 어떤 취재원을 만났는데 노래방에서 질펀하게 술을 마시다가 40대 후반의 기자가 브라운아이즈 노래를 같이 부르자고 하더라고요. 그러더니 어깨를 손으로 감쌌어요. 그냥 있었어요. 그 순간에는 판단이 안 되더라고요. 노래를 부르다가 손이 내려오길래 몸을 확 틀어서 화장실 다녀온다고 하고 나왔습니다. 나중에 인턴 관리하는 선배에게 주의를 좀 주라고 했는데 안 했다고 하더라고요."

나얼도 정엽 어깨에 손 올리고 노래 안 하는데 그 기자는 뭔데 노래를 부르면서 후배라는 것 말고는 아무 연관도 없는 남의 어깨에 손을 감는가.

또 하나, 여성 기자들이 사회생활 하면서 공통으로 느끼는 감정은 '무시'다. 아마 성별보다는 나이와 연관된 부분일 수도 있는데 손가영 기자는 여기에 '여성'이어서 "좀 모르고 어리고 유치한 사람"으로 보는 면이 있다고 말했다. 그냥 어린 여자애 정도? "술 한잔할 줄 아냐? 가르쳐 줄 테니까 술이나 한잔하자"고 말하는 취재원도 있었다고 한다.

조금 예민하게 이 문제를 바라보면 남성 중심적 사회 현상과 무관하게 여겨지지 않는다. 다른 조직과 마찬가지로 주요 언론사 간부의 상당 비중이 남성이다. 남성 선배가 여성 후배에게 도제식 교육을 하는 모습은 일상적으로 보이는데 여성 선배가 남성 후배에게 도제식 교육을 하는 모습은 어딘가 부자연스럽게 받아들여진다. 그리고 여성들을 미숙하게 취급하는 현상이 있다.

"큰 언론사에 가면 말 그대로 남성 중심주의, 술 문화, 조직문화, 상하 관계가 강해요. 그곳에선 이런 문제를 깊이 성찰하고 실질적으로 변화가 필요하다고 느끼는 분위기가 거의 없어요"

취재원들도 남성 부장이 젊은 여성 기자와 함께 오면, 경험이 부족하고 미숙한 기자를 데려왔다고 받아들이는 경우가 종종 있다. 물론 남성 부장이 젊은 남성 기자를 데려와도 마찬가지겠지만······. 여성들이 언론사에서 주요 결정권을 지닌 직위에 많이 올라서게 되면 여성 기자가 '여자애'가 돼 버리는 인식 정도는 바뀔 수 있지 않을까?

"그래도 최근에는 문제가 되니까, 특히 n번방 사건을 겪으면서 민감도가 올라간 것 같긴 합니다. 그동안 실수나, 잘못된 말이나, 행동들을 선배 집단에서는 별로 진지하게 생각하지 않고 넘어갔죠. 그래서 이런 문제가 되풀이되는 것 같아요. 엄청 큰 오보를 냈다면 경각심을 갖고 중요한 문제로 생각하는 것처럼 깊은 성찰이 필요합니다."

"기자 단톡방 사건에 한국일보가 신속하고 정확하게 대처한 것은* 편집국도 변화하고 있다는 증거인 것 같아요. 언론사 자정보다는 사회 전체의 힘으로 변하는 것 같지만요. 언론사가 자체적으로 무엇을 변하게 할 수 있을까요? 지금 내규를 만들고, 위원회를 만들고, 성평등 교육도 하고, 다 하긴 하지만 어떻게 받아들이냐의 문제인 것 같아요. 그래도 여성 기자들이 많아지면서 확실히 달라진 부분은 있습니다."

---

* 기자 단톡방 사건으로 수사를 받은 피의자는 총 12명이다. 11명은 증거불충분에 따른 무혐의와 기소유예 처분을 받았다. 한국일보는 피의자 중 자사 기자가 있다는 사실이 알려진 당일 조사에 착수해 8일 만에 징계 절차를 마무리했다. 정직 3개월 징계를 결정했다. 정직 3개월은 사규상 해고 다음으로 무거운 징계다.

데스킹으로 충돌하는
편집국·보도국

게이트키핑이 언론의 핵심이라는 선배들과,
외압이라고 보는 후배들.
집단 자의식이 맞물리면서 서로 사네 못 사네,
저걸 죽이네 살리네 하는 중이다.

99

　최근 몇 년 사이 '후배 권력'이란 단어가 편집국·보도국에 휩쓸아쳤다. 언론사 내부의 문제를 취재하는 미디어오늘에 재직할 당시 언론계를 취재했을 때 문제가 됐던 것은, 대부분 권력을 가진 선배들의 부당한 지시와 행위였다. 그런데 이제 오히려 후배들이 어떤 권력을 갖고 선배들에게 부당한 압력을 가하고 있다니, 이건 무슨 이야기일까?

　취재기자가 기사를 써오면 선배급(데스크)들이 기사를 보고 수정하거나 추가 취재 지시를 하곤 한다. 이 과정을 언론사 내부에서 쓰는 용어로 '데스킹'이라고 한다. 언론사에서는 이 과정이 절대적인 권위를 갖고 있고, 권위를 넘어 심지어 신성시되는 측면까지 있다.

　사실 데스킹은 권위가 있어야 하는 것이 맞다. 언론이냐, 언론이 아니냐를 가르는 가장 핵심적 기준이 바로 이 '데스킹'이기 때문이다. 언론 보도는 개인의 생각을 적는 블로그가 아니라, 집단 지성의 산물이 돼야 한다. 물론 언론사의 논조와 기사를 작성하는 기자 개인의 의견이 기사에 반영될 수밖에 없지만, 그래도 최대한 사실관계를 전할 때는 객관성을 유지해야 한다. 때문에 1명의 기자가 기사를 쓰고 바로 독자들에게 보내는 것보다는, 여러 기자가 기사를 검토한 다음 독자들에게 전하는 것이 훨씬 합리적인 과정이다. 오히려 최근 언론들이 포털에 뉴스를 전송하면서 데스킹 과정을 거치지 않는 상황이 더 문제가 되고 있다. 그러다 보니 오탈자도 심각하고 심지어 오보도 발생하게 된다.

데스킹 과정에서 벌어지는 문제점, 두 가지

그런데 데스킹이라는 과정이 지나치게 신성시되다 보니 발생하는 문제점들도 있다. 일단 첫 번째, 데스킹을 하는 언론사 간부들의 시선이 객관적이라고 단언할 수 있을까?

이제 막 수습 딱지를 뗀 1년 차 기자가 있다. 타고 다니는 지하철이 자주 고장이 나서 불편함이 이만저만 아닌지라 "선배, 지하철 ○호선 한번 조져야겠습니다"라고 문제의식을 전한다고 가정해 보자. 그런데 데스크는 아침마다 자가용을 타고 다니다 보니 "지금 그게 중요한가? 1년 365일 막히는 올림픽대로는 안 보여? 올림픽대로 확장하자는 기획기사 좀 써봐"라는 지시를 내린다. 이 데스크의 시선이 취재기자에 비해 합리적이라고 할 수 있을까?

대한민국 주요 언론사 부장급 이상의 간부는 많은 정치인과 유력 인사들을 알고 있고, 월급도 어느 정도 '먹고살 만함'을 훌쩍 넘어서는 경우가 많다. 그런데 그들이 젊은 주니어 기자의 시선으로, 비정규직 노동자의 시선으로, 고졸 현장직의 시선으로 세상을 볼 수 있을까? 또 그 신성시 되는 '데스킹'이 바로 그 선배들밖에 갖지 못한 권한이라고 한다면, 데스킹은 집단 지성을 바탕으로 다양한 시선을 기사에 투영하는 과정이 아니라 소수 간부의 생각을 주입하는 비합리적 과정이 될 수밖에 없다.

이와 연관되는 두 번째 문제, 데스킹의 권한 독점이다. 책상(Desk)에 앉아 있는 데스킹(사실은 영어로 Gatekeeping)을 보는 언론사 간부, 즉 데스크(사실 영어로 Gatekeeper)의 자의적 판단은 누가 막을 수 있을까?

기자가 기사를 출고하면 보통 팀장-부장-국장의 순으로 검토한다. 예를 들어보자. A기자가 자신이 본 대로 "독수리가 참새를 때렸다"는 기사를 썼다. 그런데 팀장이 독수리랑 가까운 사이다. 팀장은 기사를 "참새의 도발 행위에 독수리가 참새를 때렸다"고 수정했다. 그런데 이번엔 참새랑 가까운 부장이 "독수리의 잘못을 참새가 비판하자 독수리가 참새를 때렸다"고 고치고, 또 독수리랑 가까운 국장이 "제 잘못을 반성하지 않는 참새를 독수리가 비판하자, 참새가 독수리를 조롱해 독수리가 참새를 때렸다"고 고친다. 하나의 예에 불과하지만 실제 게이트키핑 과정에서 벌어질 수 있는 일이다. 그렇다면 이 데스킹, 게이트키핑 과정을 합리적이라고 볼 수 있는가?

그래서 게이트키핑 과정에서 선후배 간의 충돌이 종종 일어나곤 한다. 사건을 보는 사람의 눈은 다르기 때문에, 어떻게 보면 매우 자연스러운 일이기도 하다. 이런 충돌이 없다면 게이트키퍼와 기자가 의견을 완벽히 일치하는 소울 메이트 수준이거나, 게이트키퍼가 기자들을 찍어누르거나, 혹은 게이트키퍼가 게이트키핑을 제대로 하고 있지 않다는 의미가 된다.

이 과정에 어느 순간부터 '후배 권력'이란 이름이 끼어들기 시작했고, 이것이 언론사에서 벌어지는 갈등의 핵심 요소가 되고 말았다. 후배들은 힘이 없으니, 선배들의 권위에 저항하는 방법은 집단행동뿐이다. 후배들의 집단행동은 선배들의 긴장을 불러일으키고, 민주적 성격이 강한 편집국·보도국에서는 대체로 집단행동의 요구가 수용된다. 그러다 보니 어느 순간 편집국·보도국 내부에서 벌어지던 논쟁과 토론은 사라지고, 집단행동과 집단행동에 대한 분노가 대충돌하고 있는 것이다.

"저것들은 자기 기사 고치면 부당하다고 성명이나 내고, 선배들 기사 맘에 안 들면 또 안 든다고 단체로 성명 내고⋯⋯ 기자란 놈들이 지 말이 무조건 다 옳은 줄 알아"라는 선배와 "저 인간 말은 대부분의 후배가 상식적으로 받아들이지도 못할걸. 기자란 인간이 남의 말을 들을 줄도 몰라"라는 후배가 맞붙는 상황이 이어지면서 상황은 악화되고, 갈등은 심화되고, 사이는 나빠지고, 중재도 조절도 안 되고, 왜들 그리 다운돼 있는지, 뭐가 문제인지 세이 썸띵도 안 되는 상황이 이어지고 있다.

술자리에서 다투는 거친 방식으로 갈등을 조절했던 선배들과, 왜 술 먹고 싸우고들 앉아 있는지 도무지 이해할 수 없는 후배들. 게이트키핑 권한이 언론의 핵심이라는 선배들과, 과도한 게이트키핑은 외압이라고 보는 후배. 다른 집단에 비해 유난히 강한 기자 집단의 자의식이 맞물리면서 서로 사네 못 사네, 저걸 죽이네 살리네 하는 중이다.

편집 과정에서만 부딪히는 충돌이 아니다. 저녁 6시 이후 발생한 사건에 대한 취재 지시를 내리면 "업무 끝났는데요?" 란 말이 돌아오니, 데스크는 멘탈 붕괴에 빠지지만, 생각해 보면 그 말이 틀린 것도 아니다. 회식에서 술 한잔 마시며 대화도 하고 쌓였던 오해를 좀 풀라치면, 그걸 왜 술 먹으며 하냐며 진심 의아해하는 후배들을 선배들은 이해할 수 없다.

이것이 90년대생의 특성이네 아니네, 90년대생이 오네 마네 하지만 90년대생이어서가 아니라, 사회가 그만큼 발달했기 때문이다. 80년대생도, 70년대생도 사회 초년생 시절 야근시키면 짜증 났고, 먹지도 못하는 술 먹느냐고 꺽꺽거렸던 건 매한가지다. 지금의 그나마 다른 점은 하기 싫은 건 안 해도 되는 이 당연한 이치를 문화적으로 받아들였기 때문이다.

하지만 게이트키핑은 얘기가 다르다. 물론 게이트키핑이 신성시될 수는 없다. 게이트키퍼도 오류가 있을 수 있고, 게이트키핑 과정이 잘못됐을 수도 있다. 하지만 게이트키핑 과정 자체를 받아들일 수 없다는 것은 언론사에서는 있을 수 없는 일이다.

지금 편집국과 보도국에서 벌어지는 이 갈등은, 한국 언론의 게이트키핑이 어떻게 이루어지고 어떻게 나아가야 하는가에 대한 묵지한 고민을 던져준다. 더 이상 소수의 게이트기피들이 다수의 시선을 통제하는 방식으로 게이트키핑을 사용할 수는 없다. 그런 세상도, 시대도 아니다. 편집국장을 정점으로 하는 한국 언론식 게이트키핑 체계는 종언을 고하고 있다. 세상을 보는 시선들이 제각각이고 사안에 관한 판단도 제각각인데, 하나의 언론사가 하나의 생각을 고집하며 기자를 통제하고 기사를 생산할 수는 없기 때문이다.

'레거시 미디어'는
생존할 수 있을까?

새로운 시대에 적응하는 방법이
고작 온라인 뉴스팀을 꾸리는 정도라면
언론의 신뢰도는
1인 미디어 아래로 떨어질 수밖에 없다.

”

　시대가 달라졌다. 민주적인 사회는 인간이 존재하는 수만큼이나 갈등의 수가 있다. 독재냐 아니냐, 진보냐 아니냐로 세상을 설명할 수 있는 단계는 오래전에 지나갔다. 나이 들면 보수, 젊으면 진보라는 도식은 깨진 지 오래다. 이건 언론 내부에서도 마찬가지다. 편집국에서도 보도국에서도, 갈등은 다양하게 벌어진다. 만물의 악의 축은 존재하지 않는다. 절대선도 절대악도 사람들은 이제 믿지 않는다.

　한겨레와 조선일보 사이에 샛강이 흐른다면, 50대 김 국장과 20대 박 인턴기자 사이에는 한강이 흘러간다. 비단 세대 문제로 단순화시킬 수 있는 것도 아니다. 보다 정확히 정의하자면 개개인의 의식이 집단의 합의보다 더 중요해진 시대다. 노동조합이 조합원을 모으고, 머리 싸매고 노동관계법을 공부하며 사측에 교섭을 요구하는 사이, 어떤 사람은 그냥 대표이사

한테 메일 보내서 그따위로 회사 경영하지 말라고 쏟아붙이는 시대가 됐다.

이런 시대에 거대한 조직이 단 하나의 가치와 논리로 운영되는 것 자체가 가능할 리 없다. 대표이사는 편집인에게 편집 권한을 양도하고 편집인은 편집국장을 임명해 편집 방침에 따른 게이트키핑을 요구하고 있지만, 이런 시대에 이게 될 리가 없다. 그러거나 말거나 내가 아닌 건 아닌 시대다.

젠더 이슈·검찰 이슈를 바라보는 개개인의 시선이 다 다르고, 기자들의 의견도 각기 다른데, 여전히 단 하나의 방침과 논조에 가두고 지면과 방송을 채우려 한다. 이에 동의하지 않는 사람들은 그대로 불만이고, 그렇다고 이 의견 저 의견 다 실자니 다른 한 편에서는 뭘 저런 것까지 지면에 싣고, 짧은 방송 시간을 할애하냐고 불만이다. 만나는 기자마다 "이 조직(언론사)이 언제까지 갈 수 있을지" 묻는다. 내부 분위기는 엉망이고 전망도 보이지 않는다는 것이다. 그렇다면 이제 이 질문을 던질 수밖에 없다. "언론사는 살아남을 수 있을까?"

거대한 조직은 변화도 어렵다. 커다란 자동차가 위기를 맞는 순간은 직선보다 곡선 구간이다. 유튜브로 콘텐츠를 소비하는 시대, 1인 미디어는 휴대폰 하나로 영상을 찍고, 휴대폰 하나로 영상을 편집해 단 10만 뷰로 10만 원씩 벌어대지만, 방송사들은 수억 원의 장비를 동원해 수억 원의 인건비를 투입한다. 좋은 화질에 연예인이 출연해 100만 뷰를 만들어낼 수야 있겠지만, 저 거대한 조직에 거대한 예산을 투입해 놓고 100만 뷰로는 제작비도 나오지 않는다. 하지만 언론사가 살아남을지에 관해 묻는다면 답은 'YES'다. 언론사는 언론사만이 할 수 있는 것이 있다. 1인 미디어만큼 재빠르고 트렌디 하진 않지만, 뉴스 콘텐츠의 가장 중요한 가치는 변하지 않기 때문에. 그 가치에 있어서는 언론사가 1인 미디어에 침해당할 수 없다.

가치는 바로 '신뢰성'이다. 게이트키핑은 언론사가 가진 유일한 무기다. SNS와 유튜브가 수많은 콘텐츠를 생산하고 있고, 언론에 대한 신뢰도가 각종 조사에서 처참한 수준으로 나타나고 있지만, SNS에 떠도는 이야기와 언론 보도의 무게감은 전혀 다르다. 세상에는 수많은 정보가 있지만, 게이트키핑을 통해 가려진 정보는 신뢰할 만한 정보로 인식된다. 많은 분이 '기레기'라 욕해도, "유튜브에서 봤어"보다는 "뉴스에 나왔어"라는 말을, '아직까지는' 조금 더 신뢰한다.

하지만 이건 언론이 신뢰받을 때 얘기다. 언론이 신뢰받지 못한다면 그야말로 아무 의미 없다. 그리고 언론사가 지금의 시스템을 유지해서는 신뢰성에서 높은 점수를 받기 어렵다. 다양한 가치가 중요시되는 이 시기, 이 새로운 시대에 적응하는 방법이 고작 조회 수나 벌어보겠다며 온라인 뉴스팀을 꾸리는 정도라면 언론의 신뢰도는 1인 미디어 아래로 떨어질 수밖에 없다. 기자들이 젊어서는 출입처나 뱅글뱅글 돌고, 나이가 들어서는 책상에 앉아 커피나 마신다면 개개인의 효율성이 중요해진 사회에서 변화에 적응할 수도 없다.

다양한 이해관계가 나오는 시대답게, 이제 젊은 기자들은 출입처를 벗어나 더 다양한 사람들을 만나 뉴스를 찾아야 한다. 시니어들은 게이트키핑 인력을 제외하고는 다양한 분야에서 전문기자가 돼야 한다. 시니어만의 경험과 깊이로 독자들에게 통찰을 제공해야 한다.

지금까지 언론사 안에 있는 사람들은 어떤 사람들이며 그들 사이에서 어떤 일이 벌어지고 있는지, 몇 가지 키워드로 살펴봤다. 이런 언론사 내부의 문화와 관습이라면 분명 변화가 쉬워 보이지는 않는다. 레거시 미디어, 즉 '전통적인 언론'은 앞으로 쉽게 살아남을 수 없을 것이다. 하지만 그것이 미디어에 대한 사망 선고를 내리는 것은 아니다. 가야 할 길은 뻔하다. '뉴미디어'다. 그리고 앞으로의 이야기들은 '뉴미디어'로 가는 길은 어디에 있을까에 대한 고민이다.

4

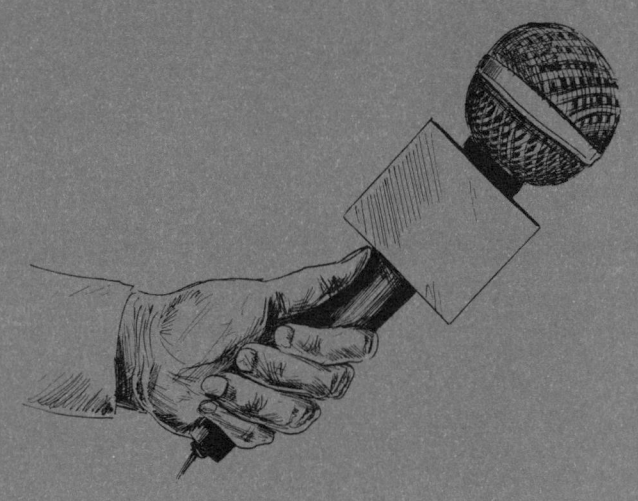

뉴미디어의 걸림돌들

뉴스는 언제부터 '공짜'였을까?

공짜가 된 뉴스는
말 그대로 공짜 같은 '것'이 됐다.
언론이 살려면 소비자를 잡아야 하는데
광고주만 붙들고 늘어지고
광고주는 돈을 앞세워 언론을 다룬다.

불과 20여 년 전까지만 해도 대한민국 국민에게 뉴스란 당연히 돈을 주고 봐야 하는 '상품'이었다. 뉴스를 보고 싶으면 가판에서 신문이나 잡지를 사야 했고, 그렇지 않으면 밤 9시에 집에 들어가 TV 앞에 앉아야 했다. 이도 저도 싫으면 라디오 수신기를 가지고 다니며 정시마다 주파수를 맞춰가며 뉴스를 들어야 했다. 뉴스는 언제 어디서나 접할 수 있는, 그런 흔한 것이 아니었다. 그런데 요즘 뉴스를 돈 주고 본다고 하면 웃는다. 세상에 예쁜 돌멩이보다 흔한 것이 뉴스고, 목마를 때 물 마시는 것보다 뉴스 보고 싶을 때 뉴스를 보는 것이 더 쉬운 세상이 됐다.

세상의 모든 물건은 제값을 한다. 공짜가 된 뉴스는 말 그대로 공짜 같은 '것'이 됐다. 포털에 널리고 널린 것이 뉴스인데, 정작 읽을만한 뉴스를 찾는 것은 모래밭에서 바늘 찾기가 됐다. 언론은 연예인의 SNS에서, 인터넷 커뮤니티 게시판에서 자극적이고 논쟁적인 주제를 찾아 포털에 넘긴다. 누가 브래지어를 했니 안 했니, 이런 것들이 '논란'이 돼 포털 뉴스를 어지럽힌다.

어떤 언론은 가족들이 공개를 원치 않았던, 안타깝게 사망한 고인의 유서를 국민의 '알 권리'라고 주장하며 공개하기도 했다. 다름 아닌 한국에서 발행 부수가 가장 많다는, 불편부당·정론직필이 사시라 주장하는 신문사에서 벌어진 일이다. 한 신문사에서 벌어진 일이라곤 하지만 어느 누구도 이걸 그 언론사만의 문제라고 하지 않을 것이다. 이것은 공짜뉴스 시대를 살아가는 언론의 자세를 그대로 보여주는 상징적인 사건이기 때문이다.

광고주만 바라보던
지하철 무가지의 괴멸

사실 비슷한 일은 과거에도 있었다. 한때 지하철역 앞에 수많은 종류의 무가지가 있었다. 메트로를 시작으로 AM7, 굿모닝서울, 스포츠한국, 데일리노컷뉴스 등등…… 돈을 주지 않고도 신문을 볼 수 있는 시대가 있었다. 당시 만원 지하철 안에서 사람들이 무가지를 펼쳐 읽으며 출근길 고단함을 달래곤 했는데, 이런 매체들은 독자에게 돈을 받고 뉴스를 제공한 것이 아니라 기업으로부터 광고비를 받아 신문을 만들고 수익을 창출했다.

뉴스를 보는 사람을 위해 신문을 만든 것이 아니라 광고를 팔기 위해 뉴스를 공짜로 끼워 넣어준 것이다. 그러니 기사의 질이 좋을 리 없었다. 연합뉴스 기사를 베끼는 것은 차라리 괜찮았다. 최대한 많은 사람이 무가지를 봐야 광고를 받을 수 있었기 때문에, 무가지 업체들은 수많은 무가지 중 자기네 신문을 고를 수 있도록 해야 했고, 필연적으로 자극적인 기사와 선정적인 사진이 난무해졌다. 결국 무가지는 그 이름에 걸맞은 볼품없는 신문이 되고 말았다.

그런데 악화는 양화를 구축해버렸다. 무가지 신문이 넘쳐나면서 각 언론사 신문 구독이 줄어든 것이다. 언론이 제 살 타는지도 모르고 불길에 뛰어들었다가 타 버린 꼴이다. 물론 그때는 이미 포털이 뉴스를 장악해가던 시대였고, 때마침 등장한 스마트폰의 영향도 있었기에 꼭 무가지 때문에 신문이 망했다고 단언할 수는 없다. 다만 이 무가지에서 벌어진 일들은 언론이 시대 변화에 얼마나 무디게 적응하는지를, 세상 멍청한 것이 언론이었다는 사실을 무엇보다 잘 보여 준다.

사실 무가지 시장은 처음부터 망할 수밖에 없었다. 애초에 광고에 의존한 수익구조는 언론사를 이끌어가는 데 한계가 있다. 광고주들은 사람들이 모여 있는 곳에 돈을 쓰고, 사람들은 늘 한곳에 머물지 않는다. 시대의 흐름과 기술의 진보에 따라 이동하기 마련이다. 무가지 역시 스마트폰이 보급되면서 '불편한 옛날 것'이 됐고, 시장에서 쫓겨나고 말았다. 그리고 소비자가 떠난 자리에는 광고주도 머물지 않는다. 물론 머무는 경우도 있다. 하지만 효과 없는 광고비에 돈을 지출하는 광고주는, 언론의 갑이 되는 법이다.

이 말은 곧, 광고주를 잡으려면 소비자부터 잡아야 한다는 의미다. 하지만 우리 언론은 소비자를 걷어차고 자꾸 광고주만 붙잡고 늘어지려 한다. 그러니 소비자는 점점 멀어지고, 광고주는 수가 틀리면 광고를 끊느니 마느니 하며 언론을 다룬다.

프리미엄 콘텐츠와 후원
살아남기 위한 언론의 자구책

언론은 소비사들로부터 돈을 받아야 한나. 그리고 몇몇 언론은 이미 소비자들로부터 돈을 받으려 하고 있다. 방법은 두 가지다. 첫 번째, 콘텐츠를 돈 주고 파는 방식이다. 그런데 이게 잘 안 된다. 신문사는 구독 확장을 하려 하지만 독자 1명 구하기가 하늘의 별 따기고, 있는 독자를 지키는 것도 어려워진 세상이다. 왜? 뉴스가 공짜니까. 포털에서 뉴스를 볼 수 있는데 누가 돈을 주고 신문을 사겠는가? 결국 언론은 포털에 콘텐츠를 팔고, 포털에 모여있는 소비자들을 끌어들이려 온갖 추한 짓을 마다하지 않는다. 여기서 당장 돈을 받지 않으면, 생존 자체가 어려워지기 때문이다.

이런 비판은 포털에서도 의식하고 있다. 포털이 세상 모든 언론의 기사를 자기네 페이지 안에 가두고 손님을 끌고 있다는 비판은 오래전부터 나왔다. 그래서일까? 네이버가 콘텐츠 제작의 수익을 언론사에 돌려주겠다며, 뉴스를 돈 내고 보는 서비스를 출시했다. 이름하여 '프리미엄 콘텐츠'다. 이 글을 쓰는 2022년 2월 현재, 총 196개의 채널이 여기에 참여하고 있다. 언론뿐 아니라 전문가들도 자신만의 콘텐츠를 이 서비스 안에서 선보인다.

여기서 창작자가 콘텐츠를 유료로 판매할 수 있도록 네이버는 시스템을 제공한다. 콘텐츠 편집 툴은 물론이고, 데이터 분석도 제공하고, 결제·정산도 네이버 시스템 안에서 안정적으로 운영할 수 있다. 흥미로운 채널이 있으면 사람들이 골라서 구독을 할 수 있고, 가격도 알아서 책정하면 된다. 관대한 네이버는 비싼 돈 들여 '툴'을 만들어주고, 여기서 장사하는 소상공 언론인들이 이용료만 조금 네이버와 나눠 가지면, 아무 걱정 없이 돈을 벌 수 있도록 만들었다. 언론은 독자들이 기꺼이 볼 양질의 콘텐츠만 만들면 된다.

하지만 세상은 그렇게 아름답지 않고, 포털과 언론사란 존재는 더욱 그렇다. 그리고 이런 시스템으로 바뀔 수 있었다면, 애초에 문제가 되지도 않았다. '뉴스가 공짜'라는 포털 서비스의 기본 형태가 그대로라면, 언론과 네이버의 유료화 합작은 성공하기 어렵다. 하지만 포털은 공짜뉴스로 손님을 끄는 현재의 구조를 포기할 생각이 없으며, 그렇다면 콘텐츠 유료화는 특정 전문 영역의 고급 정보를 원하는 소수의 독자들만 호응할 가능성이 높다. 규모 있는 언론사가 여기에 참여해 성과를 거두긴 쉽지 않다.

언론이 소비자들에게 돈을 받는 두 번째 방식은 바로 '후원'이다. 한겨레 신문은 2021년, 후원제 프로그램을 출범시켰다. 미디어오늘도 후원제 프로그램을 출범시킨 바 있고, 프레시안은 협동조합으로 전환하며, 사실상의 후원제 프로그램을 가동

했다. 각자의 고민이 있었고, 그만큼 어렵게 출범시켰다. 하지만 이렇다 할 성과는 나지 않았다.

많은 국민이 자신의 월급을 쪼개 어려운 분들을 돕고 있지만, 언론에 선뜻 지갑을 열지는 않을 것이다. 왜? 내가 언론에 후원하고 기사를 봐야 할 이유를 전혀 찾지 못하기 때문이다. 내 이야기를 보도하는 것도 아니고 관심사를 보도하는 것도 아니다. 사실 다른 매체 기사가 크게 다를 바 없는데, 굳이 그 언론만 특정해 도울 필요가 없다고 생각하는 것이다. 그리고 똑같이, 공짜로 뉴스를 볼 수 있는데 돈을 주고 뉴스를 봐야 할 필요성도 느끼지 못할 것이다.

무엇보다 후원이든 콘텐츠 판매든, 한국 국민의 언론 신뢰도가 너무나 낮다. OECD 최하위 수준의 언론 신뢰도 속에서 우리가 좋은 콘텐츠를 제공할 테니 돈을 내라는 요구가 수용되기란 힘들다. 지금 사람들에게 '뉴스'라고 하면 똑같은 기사와 자극적인 내용, 가십거리란 이미지가 너무 강렬하다. 구독자가 끊어진 시대에 포털에서라도 먹고살겠다며 언론이 자초한 일이다.

넷플릭스는 돈 내고 보면서
왜 뉴스는 공짜로 보려 할까?

전 세계에서 선풍적인 인기를 끈 넷플릭스가 한국에 상륙했을 때, 언론은 사업 성공에 비관적이었다. 우리나라 사람들은 공짜에 너무 익숙해졌기 때문에 콘텐츠를 돈 주고 사 볼 리가 없다는 것이 언론계의 인식이었다. 그런데 웬걸, 한국은 넷플릭스의 주요 시장이 되었다. 2020년 말 기준, 한국의 넷플릭스 구독자는 무려 380만 가구다. 한 계정으로 몇 명의 사람들이 함께 즐길 수 있으니, 넉넉잡아 한국 국민의 1/5 정도가 넷플릭스를 이용하고 있다고 해도 무방하다. 380만 가구가 한 달에 만 원만 낸다고 쳐도, 넷플릭스가 한국 시장에 거둬들이는 구독료 수익은 한 달에 380억 원이다.

왜 우리나라 사람들은 우리나라 콘텐츠는 공짜로 보고, 해외 플랫폼에 기반한 콘텐츠는 굳이 돈을 주고 볼까? 사대주의인가? 물론 말도 안 되는 해석이다. 이 답은 아주 간단하다. 볼 만 하니까 한 달에 만 원 주고 보는 것이다. 우리 언론이 가야 할 길도 결국 여기다. 볼 만한 콘텐츠를 내놔야 사람들이 지갑을 연다.

뉴스타파는 다른 매체처럼 포털에서 자극적인 기사를 쓰

지 않고 기사를 많이 쏟아내지도 않는다. 또 뉴스타파 콘텐츠는 홈페이지나 포털에서 무료로도 볼 수 있다. 하지만 수만 명이 뉴스타파를 후원하고 있다. 100여 명이 넘는 거대한 편집국·보도국을 넉넉하게 운영할 수는 없겠지만, 크게 자금 문제없이 탐사보도·추적보도를 이어나갈 수 있을 만한 동력은 된다. 뉴스타파도 셜록도, 한국 사회에 큰 파문을 던지는 탐사보도로 사람들의 이목을 끌고 그 가치를 인정하는 후원자들을 모아 생존하고 있다.

'확증편향'이라는
공허한 말

'기레기'는 고유 명사가 됐고,
사람들은 기자들의 리스트를 만들어
평가하고 비난한다.
억울하고 슬프겠지.
그래도 기자는 독자와 싸워서는 안 된다.

영국의 사학자 에릭 홉스봄은 20세기를 두고 '극단의 시대'라 불렀다. 두 차례의 세계전쟁으로 사망한 사람이 공식 집계로만 현재 대한민국 인구보다 많았다. 세계적 규모의 전쟁이 끝났어도 다양한 갈등이 폭발하며 수많은 전쟁이 벌어졌고, 그로 인한 사망자가 쏟아졌다. 영토 때문에, 인종 때문에, 종교 때문에, 어떤 신념 때문에 사람을 죽였던 시대다.

이런 엄청난 규모의 전쟁이 다시 일어나진 않았지만, 중반으로 접어들고 있는 21세기 역시 극단의 시대인 것은 마찬가지다. 총을 들진 않았지만 모두 손에 키보드와 스마트폰을 들었고 인종 때문에, 종교 때문에, 어떤 신념 때문에 서로 비난하고 싸운다. 총에 맞아 죽는 사람들의 숫자는 20세기 초에 비해 크게 줄었지만 단 한 줄의 글 때문에, 누군가 내뱉은 말 때문에 사람들이 목숨을 끊는 일이 벌어졌다.

극단의 시대는 언론도 비껴가지 않았다. 20세기 기자가 몸이 힘든 직업이었다면, 21세기 기자는 정신적으로 고통스러운 직업이 됐다. 많은 기자가 소위 '악플'에 힘들어하고 괴로워한다. '기레기'는 고유 명사가 됐고, 사람들은 인터넷에 기자들의 리스트를 만들어 평가하고 비난한다. 어떤 분들은 아예 현상금까지 걸고 특정 기자가 과거 어떤 사건에 연루된 적이 있는지, 범죄 행위를 저지른 적은 없는지 찾아다니고 있다.

담대해지려고 해도 쉽지 않은 일이고, 웃어넘기려 해도 비수가 돼 싸늘히 꽂힌다. 누군지 알지도 못하는 사람들이 내가 잘못하지도 않은 일을 두고 비난하는 건, 정말이지 끔찍한 일이다. 그래서일까? 자신이 비난받아야 할 이유를 모를 때, 이에 대응하는 보편적 반응은 비난한 사람들을 다시 비난하는 일이다. 대부분의 사람이 그렇게 한다. 그렇게 하지 않으면 본인을 향한 비난을 견딜 수 없기 때문이다.

악플 남기는 독자와 좁은 시야의 기자
서로 확증편향이라고 우기는 서글픈 현실

'확증편향'이란 말은 이런 상황에서 유용하게 쓰이는 단어다. 이 말은 자신의 사상과 신념, 의견을 확신하고 이에 따른 사실만을 취사선택해 믿는 것을 말한다. 그리고 그 신념과 의견에 불리한 사실과 증거는 애써 무시한다. 엄연히 일어난 사실도 자신의 신념에 맞게 왜곡하고 반대한다. 비판하는 의견은 묵살하거나 비난하기도 한다. 좀 귀엽게 얘기하면 '답정너'라고 할 수 있을까?

기자들이 독자들을 비난하면서 자주 쓰는 표현도 바로 이 '확증편향'이다. 자신이 보도한 뉴스를 비난하는 건, 문제가 있어서라기보다 그 보도와 대립하는 정치적 세력 또는 그 지지자들이 이 확증편향에 빠져, 자신들에게 불리한 사실 혹은 진실을 외면하기 때문이라는 것이다. 쉽게 말해 "제 맘에 안 든다고 욕하는 거지 뭐"라는 거다.

그런 분석은 분명 때때로 적확하다. 부인하지 못할 '빼박' 증거가 드러났음에도 때때로 정치적 반대파들은 사실을 부인하고, 사실을 보도한 언론과 기자를 비난하고 욕하는 경우가 분명히 있다. 때때로 대중의 시선은 편향되기도 하고 비이성적인 경우도 있다. 그래서 어떤 기자들은 본인 SNS나 자기 기사에 달린 악플, 혹은 정치적으로 자신을 공격하는 것으로 느껴지는 독자들을 조롱하고 비판하며 싸우려고 한다. 본인 딴에는 억울할 수 있다. 하지만 기자들이 싸워야 할 대상은 독자들이 아니다. 극복해야 할 것은 극단의 시대이지 극단의 시대를 살아가는 사람들이 아니다.

확증편향은 존재하지만 그 확증편향이 기자라고 해서 비껴가는 것도 아니다. 기자는 만물의 창조주가 아니며, 기자의 생각이 절대적 진리도 아니다. 기자의 취재는 이면을 놓칠 때가 있고, 사실에 천착해 진실에 접근하지 못하는 경우도 분명히 있다. 그런 기자가 쓴 기사 역시 완벽할 리 없다.

기자가 주장하는 비판의 자유와 출판의 자유는 기자들만의 전유물이 아니다. 누구나 자신의 의견을 개진할 수 있고, 인터넷 세상에서 누구나 생각을 글로 남길 수 있다. 기자가 누군가를 따라다니고, 심지어 집 앞에서 잠복하며 사생활을 침해하는 것이 '취재의 자유'이자 '언론의 할 일'이라면, 누군가가 기자의 기사를 모으고 해당 기자의 경향성을 분석·비판하는 것이 '사생활 침해'일 수 없다.

때로 기자들은 '공인'과 비슷한 혜택을 받는다. 물론 공인과 기자는 다르다. 기자는 공인이 아니다. 기자에게 월급을 주는 것은 사기업이지 대중의 세금이 아니다. 하지만 기자는 '국민의 알 권리'라는 이름으로 때때로 초법적인 권한을 부여받는다. 기자는 취재를 하면서 수많은 고소·고발을 당하지만, 법원은 대체로 기자가 국민의 알 권리에 복무한다는 점에서 위법 행위를 해도 무죄 판결을 내리곤 한다.

  대중은 기자의 이런 면을 지적하며 더욱 비판의 칼날을 벼린다. 물론 기자의 가족 신상을 공개하고, 기자의 과거 사진을 합성하고, 기자의 메일로 협박과 성적 폭언을 던지는 것이 '표현의 자유'일 리는 없다. 명백한 범죄의 영역이다. 하지만 대중이 우르르 몰려와 기자 SNS와 기사에 비판 댓글을 달고 욕설을 남긴다고, 기자들이 독자들을 비난하는 것도 민망한 일이다.

  과거 뉴스를 돈 주고 사 보던 시절에도 꽤 많은 사람이 기사의 논조에 대해, 그리고 해당 매체가 취사선택한 사실관계에 대해 불만이 있었다. 하지만 이를 표출할 방법이 제한적이었다. 과거에는 독자가 직접 글을 써서 언론에 투고하거나, 언론사에 전화를 걸어 항의하는 방법뿐이었다. 그나마 기자는 회사 사무실에 항상 붙어 있는 사람들이 아니니 기자들에게 직접 항의할 방법은 없다고 봐야 했다.

  이제 기자들이 200자 원고지에 만년필로 기사를 써서 원고를 넘기던 시대는 지나갔고 언제 어디서든 노트북으로 기사를 올리고 데스킹을 받는 시대가 도래했다. 그와 마찬가지로 기사에 대한 대중의 불만 표출 방식도 이메일, 댓글 그리고 기자 개인의 SNS로 진화한 것뿐이다. 어떻게 보면 그만큼 대중·독자와 기자들의 사이가 가까워진 것이다.

과거에 기자들에게 돌아오는 직접적인 피드백은 대체로 동료 기자들의 평가, 혹은 출입처 취재원들의 평가가 전부였다. 하지만 기자가 쓴 기사를 보는 대부분의 사람들은 출입처와 언론사 바깥에 있다.

정치인들은 부고 기사를 제외하고 비판이든 칭찬이든, 기사가 많은 것을 좋아한다는 농담이 있다. 기자들도 그렇게 생각할 필요가 있다. 욕을 하는 사람이건, 비판하는 사람이건, 언론에 애정이 있고 바라는 언론의 상이 있기 때문이다. 아예 아무 반응이 없는 기사가 더 무서운 법이다.

얼마 전 시사IN이라는 매체가 신뢰받는 언론인 조사를 한 적이 있다. 많은 언론이 현업에서 멀어진 지 오래인 손석희 JTBC 사장이 1위, 기자가 아닌 개그맨 유재석 씨가 2위를 차지했다는 것에 긴장했다. 하지만 긴장해야 할 것은 이 순위가 아니다. 질문을 받은 사람 2/3가 아예 그 어떤 기자들의 이름도 기억해내지 못했다는 것, 혹은 기자는 신뢰할 만한 사람이 아니라고 판단했다는 것이다.

'악플을 즐기라'거나, '악플이 무플보다 낫다'는 얘기를 하고 싶은 것이 아니다. 기자들은 대중·독자의 의견이나 평가를 있는 그대로 바라보고 받아들여야 한다. 그러면서 자신이 해야 할 일을 하면 된다. 대중의 평가와 주장에는 귀를 열지만, 자신의 생각하는 사실이 진실이라고 판단하면 밀어붙여야 한다. 황우석 사태를 취재하던 MBC는 황우석 씨 지지자들에 의해 물리적 피해를 입기도 했다. 그래도 황우석 씨의 허상을 취재하는 데 집중했지 황우석 씨 지지자들과 싸우진 않았다.

받아들일 수 있는 피드백은 받아들이고, 자신이 취재한 사실이 맞는다는 설득을 기사를 통해 계속해 나가면 된다. 억울하고 열 받는다고, 독자들과 싸우는 것만큼 바보 같고 무책임한 일은 없다.

또 이런 피드백을 줄여나가는 방법은 조금 더 진실에 접근하는 것이다. 그러자면 언론은 게이트키핑을 강화해야 한다. 하지만 대중과 더 직접 맞닿는 요즘 같은 시대에 오히려 언론은 게이트키핑을 줄이고 있다. 사실 그게 가장 큰 문제다.

언론중재 및 피해구제 등에 관한 법률

일부개정법률안(대안)

2021. 8.

제30조의2를 다음과 같이 신설한다.

제30조의2(허위·조작보도에 대한 특칙)

① 법원은 언론 등의 고의 또는 중과실로 인한 허위·조작보도에 따라 재산상 손해를 입거나 인격권 침해 또는 그 밖의 정신적 고통이 있다고 판단되는 경우에 보도에 이르게 된 경위, 보도로 인한 피해 정도, 언론사 등의 사회적 영향력과 전년도 매출액을 적극 고려하여 손해액의 5배를 넘지 않는 범위에서 손해배상액을 정할 수 있다.

② 법원은 언론보도 등이 다음 각 호의 어느 하나에 해당하는 경우 고의 또는 중과실이 있는 것으로 추정한다.
  1. 보복적이거나 반복적으로 허위·조작보도를 한 경우
  2. 정정보도·추후보도가 있었음에도 정정보도·추후보도에 해당하는 기사를 별도의 충분한 검증절차 없이 복제·인용 보도한 경우
  3. 기사의 본질적인 내용과 다르게 제목·시각자료(사진·삽화·영상 등을 말한다)를 조합하여 새로운 사실을 구성하는 등 기사 내용을 왜곡하는 경우

③ 제1항의 경우 「공직자윤리법」 제10조제1항제1호부터 제12호까지에 해당하는 사람 및 그 후보자와 대통령령으로 정하는 대기업 및 그 주요주주, 임원에 대하여는 적용하지 아니한다.

④ 제1항의 경우 공공복리 등 공공의 이익을 위한 언론보도 등으로 다음 각 호에 해당하는 경우에는 적용하지 아니한다.
  1. 「공익신고자보호법」 제2조제1호의 공익침해행위와 관련한 사항에 대한 언론보도
  2. 「부정청탁 및 금품등 수수의 금지에 관한 법률」에서 금지하는 행위와 관련한 사항에 대한 언론보도
  3. 그 밖에 제1호 및 제2호에 준하는 공적인 관심사와 관련한 사항으로 제4조제3항에 따른 언론의 사회적 책임을 수행하는 데 필요하다고 인정되는 언론보도

출처 : 대한민국국회 의안정보시스템

기자들은 왜 '징벌적 손해배상'을 반대하는가?

수술실 CCTV 설치법에도
사립학교법 개정안에도
언론은 양측의 입장 정도는 전달했다.
그런데 이 법안에 대해서는
언론자유 탄압이란 말만 반복하고 있다.

"

  2021년 언론계의 가장 큰 화두를 하나만 꼽자면, 아마도 '언론사 징벌적 손해배상 도입'이 될 것 같다. 언론계는 이 법이 통과되면 민주주의가 무너질 것처럼 난리가 났는데, 언론계 밖에서는 이 정도 법도 처리하지 못하는 게 민주주의냐고 난리가 났다. 언론계에서는 정권이 언론에 재갈을 물리려 한다고 야단법석이고, 언론계 밖에서는 겨우 이 정도 법으로 언론 문제를 해결할 수 있냐며 하나 마나 한 법이라고 소리쳤다.

  법의 내용은 같은데 해석은 극단적으로 갈렸다. 접점이 만들어지지 않았고 논쟁은 계속 같은 자리만 맴돌았다. 결론적으로 이 법은 여야가 특별위원회 같은 걸 만들어 더 깊이 논의해 보기로 했지만, 앞으로도 이 법을 둘러싼 이견이 좁혀질 가능성은 매우 낮고, 통과될 가능성도 아주 낮아 보인다.

  그러다 보니 궁금해진다. 아니, 이 법이 뭔데 기자들은 왜

이 법을 반대할까? 뭐가 무서운 것일까?

언론은 국민의 알 권리 등 여러 공익을 위해 취재하고 보도한다. 그런데 이 과정에서 의도치 않은 피해자가 발생하기도 한다. 기자의 취재가 수사기관의 강제 수사와 같을 수는 없다. 보도 과정에서 오보가 날 수도 있고 때로 과장된 내용이 섞일 수도 있다. 이 문제를 최대한 방지하기 위해 언론은 '게이트키핑'이란 것을 하지만, 모두 사람이 하는 일인지라 구멍이 생길 수밖에 없다. 그런데 공익을 위한 것도 아니고 실수도 아닌, 어떤 고의에 의한 오보나 왜곡 때문에 피해자가 발생하는 경우도 있다.

찐빵소녀, 공무원 간첩, 유민이 아빠······
언론 범죄와 조작으로 벌어진 사건들

이런 일이 있었다. SBS 프로그램 〈긴급출동 SOS24〉는 지난 2008년 '찐빵 파는 소녀' 편을 방영했다. 어떤 소녀가 휴게소에 감금된 채 찐빵을 팔며 고통받고 있다는 내용이었다. 임금 착취는 물론 상습 폭행까지 이어졌다는 충격적인 내용이었고, 당연히 이 방송이 나간 후 대한민국 사회는 발칵 뒤집혔다. 그리고 이 휴게소 주인은 구속되기도 했다.

그런데 법원은 이 방송을 조작으로 판단했다. 제보를 받았다는 동영상은 사실 제작진이 휴대전화로 몰래 촬영한 영상이었고 목격자는 가짜였다. 휴게소 손님에게 서빙하고 돌아가는 장면은 제작진을 피하는 영상으로 둔갑됐고, '찐빵소녀'가 휴게소 사장에게 한 번 고개를 숙였는데, 이 장면을 연속 편집해 연신 굽신거리는 것으로 방송을 내보냈다. 몸의 상처는 학대 자국이 아니라 대상포진으로 인한 것이었다.

제작진은 이 '찐빵소녀'라는 분을 직계 혈족의 충분한 동의 없이 정신병원에 가두기도 했다. 허위·왜곡 보도를 넘어 이 정도면 방송국 제작진이 범죄를 저지른 것과 다름없다. 그리고 이 보도의 결과, 휴게소 주인은 더 이상 휴게소를 운영할 수 없는 상황에 놓였고 아예 삶의 터전을 떠나야 했다.

이런 엄청난 일이 벌어졌는데 SBS 제작진이 피해자에게 배상할 돈은 고작 3억 원이었다. 재판부는 SBS가 이 방송으로 3억 원가량의 수입을 올렸다고 보고 3억 원을 지급하라고 판결한 것이다. 심지어 이 보도로 인해 휴게소 주인은 6개월간 감옥살이를 했는데 말이다. 그리고 제작진 누구도 법적 처벌을 받지 않았다. 또한 이 3억 원은 한국 언론이 보도 피해자에게 지급한 역대 가장 큰 액수다. 비슷한 피해를 입은 사람들이 많은데 누구도 이것보다 많은 돈을 받지 못했다.

또 하나, 서울시 공무원 간첩 사건이 있었다. 지난 2013년 새터민 유우성 씨가 서울시 탈북자 담당 공무원이 된 후 탈북자 정보를 북한에 넘겼다며 국가정보원과 검찰이 기소한 사건이다. 그런데 이 사건은 조작임이 드러났다. 국정원은 간첩 사건을 만들기 위해 중국의 공문서까지 위조했다.

일차적인 잘못은 국정원과 검찰이 했고 언론은 공범이었다. 국정원과 검찰의 수사 자료를 검증하지 않고 '유우성 간첩 만들기'에 혈안이 됐다. KAL기 폭파범 김현희는 종편 방송에 출연해 "유우성은 간첩이 확실하다"고 단언했고 문화일보는 뉴스타파가 간첩 조작사건의 의혹을 제기하기 위해 만든 자료를 가져다가 '이게 간첩의 증거'라며 보도하는 황당한 일을 벌였다. 유우성 씨가 잠깐 영국에 가자 수사망을 피해 망명하려 한다는 가짜뉴스가 쏟아졌다. 이 사건으로 국정원 개혁이 화두에 오르자, 일부 언론은 오히려 유우성 씨 때문에 국정원이 해체되게 생겼다고 바득바득 우겨댔다.

이런 언론 보도가 이어지며 무슨 일이 벌어졌을까? 신원을 알 수 없는 사람들이 유우성 씨 집 앞에 모여들어 "간첩은 떠나라"고 소리쳤고 유우성 씨를 "찢어 죽인다"며 신변에 위협을 가했다.

간첩 누명을 벗게 된 유우성 씨는 이런 언론 보도에 어떤 배상을 받았을까? 동아일보로부터 딱 1,000만 원의 손해배상을 받았을 뿐이다. 그리고 동아일보는 정정보도를 12면 최하단에 고작 7줄로 배치했다. 신문의 7줄은 일반 워드프로세서에서는 3줄 정도에 불과하다. 이 불충분한 정정보도 때문에 지금도 어떤 사람들은 유우성 씨를 간첩으로 착각하고 있다.

세월호 참사 때는 어땠을까? 참사로 사망한 유민이의 아빠 김영오 씨는 진상규명을 요구하는 유가족 중에서도 가장 언론 노출이 많았던 분이다. 그런데 이분이 취미로 국궁을 하고 있다는 언론 보도가 나왔다. 국궁이 귀족 스포츠인데 아이는 돌보지 않으면서 이런 취미를 가지고 있다는 보도였다. 그런데 국궁은 결코 귀족 스포츠가 아니다. 더욱이 김영오 씨가 국궁을 한다고 보도하는 것이 어떤 공익적 의미가 있는 것도 아니다.

언론이 이러니 '징벌적 손해배상' 얘기가 나왔다. 언론이 일부러, 고의로, 계획적으로 오보를 내고 누군가의 명예를 훼손한다면 진짜 "망했다" 소리가 나올 만큼 손해배상을 세게 물려야 한다는 것이었다.

언론이 징벌적 손해배상을 반대하는 이유

더불어민주당이 제출한 언론중재법 개정안의 취지는 이렇다. 핵심은 '고의'와 같은 '중대 과실'로 오보를 내 누군가에게 피해를 줬다면 피해액의 5배까지 손해배상금을 매기자는 것이다. 언론은 우리 사회에 막대한 힘을 가지고 있고 힘에는 늘 책임이 따른다. 책임을 부여하지 않는 권력은 부패하고 타락하기 마련이다. 언론도 가지고 있는 힘만큼이나 마땅한 대가를 지불해야 한다는 것이다.

아주 그럴싸한데 언론은 왜 이렇게 난리인가? 이제 언론의 주장을 보자.

일단 '고의'라니? 기사가 고의를 가졌는지 여부는 누가 판단하는 것인가? 언론은 막대한 힘을 가지고 있고 기자들은 민간인이 행사하기 어려운 취재의 권리를 가지고 있지만 그렇다고 해서 그 힘이 수사기관에 비할 바는 아니다. 기자는 경찰이나 검찰이 아니기 때문에 취재는 할 수 있어도 실체적 진실에 완벽히 접근하는 건 불가능하다.

청와대가 자료를 숨기고 내어주지 않거나 청와대 관계자가 침묵하면, 청와내에서 벌어지는 일들을 기자도 도저히 알 길이 없다. 압수수색을 할 수도 없고 관련자를 소환해 조사할 수도 없다. 그래서 기사는 늘 불완전하다. 하지만 언론은 의혹을 제기해야 하는 존재다. 이 의혹을 입증하는 것은 수사기관이 해야 할 몫이다.

언론이 제기하는 의혹이 불완전하다고 이걸 '가짜뉴스'로 취급할 수 있을까? 그리고 그 결과가 오보라고 검증되었더라도 언론이 악의적 의도를 가졌다고 법적으로 판단할 수 있을까? 또 한 언론사가 징벌적 손해배상 때문에 실제로 망하는 일이 생긴다면, 다른 언론사가 의혹을 제기할 수 있을까?

반도체 직업병 피해 문제를 예로 들어보자. 반도체 직업병 피해자들이 특정 공장에서 근무한 후 병에 걸렸다고 주장한다면, 언론이 이를 입증하는 것은 불가능하다. 업체는 공장에서 어떤 약품을 쓰는지 영업비밀을 들어 공개하지 않을 테고, 언론이 압수수색을 할 수도 없다. 그렇다고 해서 이 제보를 무시해야 하는가? 취재 결과 같은 공장에서 일하는 복수의 사람들이 비슷한 병에 걸렸음을 알았다면, 언론은 이 의심이 합리적이라 판단할 수 있다. 그럼 기사를 써야 한다. 이후 이 문제가 공론화되면 수사기관이나 국가기관이 조사를 통해 실제 사용 약품과 건강과의 상관관계를 확인할 수 있다.

하지만 그전까지 업체 측은 언론의 보도를 오보로 규정하고 기업 평판을 망치기 위한 악의적 행동이라고 주장할 수 있다. 그렇다면 언론은 꼼짝없이 징벌적 손해배상에 묶이고 만다. 꼭 그런 건 아니더라도 징벌적 손해배상을 피하기 위해 보도가 위축될 수밖에 없다는 것이다.

"그럴 리 있냐"며 무시할 수만은 없는 주장이다. 이를 피하기 위해 정치인이나 대기업 집단은 징벌적 손해배상 제도를 활용하지 못하도록 했지만, 은퇴한 정치인이나 관계인 등 우회할 수 있는 경로는 분명히 있다.

법의 완벽성을 따지기 전에
법의 적용 가능성도 살펴봐야

그 외에도 언론에서 이 법을 반대하는 이유는 몇 가지 더 있다. 언론에만 징벌적 손해배상을 적용하는 건 형평성에 어긋난다는 주장도 있고, 이미 형법이나 민법에 명예훼손으로 언론 분쟁을 해결할 방식이 있는데 새로운 법까지 만드는 것은 부적절하다는 지적도 있다. 틀린 말은 아니다. 징벌적 손해배상법에는 분명히 구멍이 있다. 하지만 구멍 없는 법은 존재하지 않는다.

수술실 CCTV를 반대하는 의사협회는 위급 수술에서 생명을 살리기 위해 모험을 해야 할 때가 있는데 CCTV가 위축 효과를 일으켜 결단을 방해한다고 주장한다. 그럴듯한 얘기다.

사립학교 교원들은 국가에서 월급을 주지만 사립학교 선생님을 뽑는 권한은 사립학교에 있다. 그러다 보니 온갖 비리가 벌어져 사회면 뉴스를 장식했다. 그래서 사립학교법 개정안을 통해 적어도 필기시험 정도는 국가가 맡아 치르자고 했다. 하지만 사학재단들은 이를 반대했다. 사립학교의 자율성을 침해하고 이미 사학재단을 감시·견제하는 여러 가지 제도가 있다는 이유에서다. 이것도 그럴듯하다.

수술실에서 벌어진 일부 범죄 행위와 그에 대한 환자들의 두려움, 사립학교 교원 채용 과정의 불투명함에서 벌어진 여러 가지 논란과 그에 대한 국민의 불신은 이 법에 대한 높은 지지를 만들어냈다. 법에 따른 일부 부작용도 있겠지만 그보다는 국민들 스스로 자기 삶에 큰 영향을 미치는 부분에 있어서는 안정감을 갖고 싶은 마음이 크기 때문이다.

언론중재법 개정안도 마찬가지다. 물론 디테일을 파고들면 구멍은 반드시 있기 마련이다. 국경없는기자회나 UN에서도 이 법을 보면 당연히 문제가 있다고 느낄 것이다. 언론중재법 개정안도 세세한 문구 하나하나 따지면 문제가 보일 수밖에 없다.

하지만 언론이 말하지 않는 것이 있다. 이 법이 과연 실제로 적용될 수 있을지 여부다. 2009년부터 10년간 언론 관련 손해 배상 판결을 분석하면 언론사를 상대로 한 소송에서 손해배상금은 절반 가까이가 500만 원 이하였다. 우리 재판부는 언론의 자유를 폭넓게 인정하고 있기 때문에 설령 언론 보도로 피해가 발생한다 하더라도 손해배상 책임을 강하게 묻지 않고 있다는 의미다. 앞서 언급한 대로 대놓고 조작이 이루어졌던 '찐빵소녀' 사건의 배상 판결은 고작 3억 원이었다.

법원에서 인정되는 손해배상액 자체가 적은데 최대 5배의 징벌적 조항을 적용한다 한들 손해배상액이 언론사를 휘청거리게 할 것이라 예상하긴 어렵다. 그나마 언론의 잘못이 인정되어 손해배상액이 나왔다는 것이지, 대부분의 소송에서 언론사가 패소할 가능성은 낮다. 지금도 많은 정치인이 자신들을 향한 언론 보도에 불만을 품고 소송을 걸고 있지만, 거의 패소한다.

징벌적 손해배상은 단순한 주제가 아니다. 언론에게 책임을 묻는 것과 언론을 탄압한다는 말 사이에는 아주 미묘한 종이 한 장 정도의 차이만 있다. 사실 가장 좋은 것은 판사들이 언론 피해에 대한 손해를 보다 폭넓게 인정하는 것이다. 언론 보도로 인생이 망가질 정도의 일이라면 피해자 인생에 언론이 책임을 질 수 있을 만큼의 보상을 인정해야 한다.

하지만 그 점을 인정한다고 해도 지금 언론과 언론인의 태도는 분명히 이상해 보인다. 수술실 CCTV 설치법에도, 사립학교법 개정안에도 언론은 아무리 못해도 양측의 입장을 전달하기라도 했는데, 이 법안에 대해서는 계속해서 언론자유 탄압이란 말만 반복하고 있다. 자기들 문제여서 그런 것인가?

이런저런 상황을 언론과 기자들이 모를 리 없다. 사실 기자협회 조사 결과 30%가 넘는 기자들이 이 법을 찬성했다. 이 법이 좋아서? 완벽해서? 그럴 리 없다. 그럼 나머지 70% 기자들이 이 법을 반대하는 진짜 이유는 뭘까? 혹시 본인들이 벽을 치고 쌓아온 영역에 누군가의 개입을 허용할 수 없다는 모종의 집단의식은 아닐까. 징벌적 손해배상이 통과되면 아마 그다음, 또 그다음 언론개혁법안이 등장할 것이다. 여기서 물러설 수 없다는 의지가 아닐까?

"

개혁은 하는 거지,
당하는 게 아니다

개혁하려면 머리끝부터 발끝까지
모두 바꿔야 한다.
하지만 지금 언론은 대충
징벌적 손해배상이나 피해 가자는 마음뿐이다.

”

한국기자협회, 전국언론노동조합, 한국방송신문편집인협회 등 언론인 현업단체들이 2021년 9월 한자리에 모였다. 그리고 언론 보도로 인한 피해자들을 구제하기 위해 그들 스스로 '자율규제' 방안을 만들기로 했다. "국민이 언론을 불신하게 만들고 피해 구제가 제대로 이뤄지지 않았다"(윤창현 언론노조 위원장)며 사과했고 "잘못된 보도를 스스로 통제하고 필요하면 과감하게 대응할 수 있는 자율규제 기구를 만들겠다"(성재호 방송기자연합회장)고 다짐했다.

언론 피해자 구제법인 '징벌적 손해배상'에 반대하는 분들도 대부분, 지금의 섣부른 언론 보도가 많은 피해자를 만들어 낼 수 있음을 인정하고 우려하고 있다. 또 오보나 왜곡보도를 해놓고도 잘 보이지도 않는 정정보도나 내며 어물쩍 넘어가려는 언론의 습성에 비판적인 분들이 많다. 다만 혹여나 악용될 수 있는 법 조항 문구 대신 언론이 스스로 이 문제를 해결해야 한다는 해결 방식에 차이가 있을 뿐이다.

언제나 그렇듯 문제를 해결하는 데 있어 가장 좋은 방식은 스스로 변화하는 것이다. 감옥에 가두고 벌금을 매긴다고 해도 스스로 변화하지 않으면 아무것도 바뀌지 않는다. 솔직히 징벌적 손해배상을 도입한다고 해도 아무것도 바뀌지 않을 가능성이 높다. '고의성'이 있어야 징벌적 손해배상을 매길 수 있는데 재판부가 분명한 증거 없이 이 '고의성'을 판단할 가능성은 낮다. 앞서 말했듯이 우리 재판부는 이미 언론 보도의 자유를 폭넓게 인정하고 있기 때문이다.

그래서 스스로 변하는 것이 좋다. 그런 점에서 언론 단체들이 모여 "우리가 한번 스스로 정화해 볼게요!"라고 다짐하는 건 참 반가운 일이다. 그런데 걱정이 없진 않다. 이게 될까?

부랴부랴 만든 자율규제 기구
강제성도 없는데 과연 쓸모가 있을까

앞서도 말했듯 "언론에 징벌적 손해배상을 때려야 한다"는 말이 나올 정도로 언론의 존재가 국민적 지탄의 대상이 된 것은 아주 오래전부터 시작된 일이다. 그리고 이 법이 제정돼야 한다는 주장이 처음 나왔을 때 여론조사 응답자 중 무려 80%가 이 법을 "만들자!"라고 답했다. 이 문제가 정치쟁점화가 된 이후에도 무려 50%가 "만들자!"고 답했으며 단 30%만이 "만들면 안 돼"라고 답했다. 또 이 문제에 대한 정치 공방이 수그러들자 다시 '만들자'는 의견이 80%까지 올라갔다. 여론이 이렇게 압도적이었다.

그렇다면 이 '자율규제 기구'라는 건 정치권에서 입법 움직임이 있기 전에 만들었어야 했던 것 아닌가? 국회에서 굳이 법으로 추진하기 전에 언론인들이 먼저 나서서 "오죽하면 이러시겠냐"며 "우리가 바꾸어보겠다"고 했어야 했던 것 아닌가? 그런데 정작 언론은 그때 아무것도 하지 않았다. 이 법이 통과될 위기에 처하자 그제야 "우리가 자율규제 기구를 만들겠다"고 선언한 것이다. 한 마디로 '부랴부랴' 만든 것으로 보이는데 이렇게 급조한 조직이 모든 언론사가 다 따를 수 있는 '규제 방안'을 만들어 낼 수 있을까?

언론이 오보를 내고 왜곡보도를 하는 이유는 많겠지만 그 핵심 원인은 솔직히 '돈'이다. 가급적 빨리 많은 보도를 쏟아내야 포털에서 독자의 관심을 받을 수 있고, 포털에서 많이 읽혀야 돈이 되기 때문이다. 커뮤니티에서 자극적인 글을 뽑아내 기사를 쓰는 것도 결국 돈 때문이고 문장의 조사만 몇 개 바꿔서 '단독' 달고 내보내는 이유도 결국은 돈 때문이다.

하지만 자율규제 기구는 아무런 물적 피해를 주지 못한다. 축구에서 옐로카드를 받는 것이 무서운 이유는 2개 받으면 경기장을 떠나야 하기 때문이고, 농구에서 파울 4개에 걸리면 퇴장을 당할까 봐 몸을 사리기 마련이다. 그런데 자율규제 기구는 경고장을 아무리 내밀어도 언론사를 퇴장시킬 수 없다. 자율규제 기구가 기사를 삭제하라고 결정을 내려도 사실 언론사가 따르지 않으면 어떻게 더 할 방법도 없다.

물론 언론인 현업단체들이 참여한 만큼 초반엔 열심히 따르려 할 것이다. 그런데 이 규제가 수익 감소로 이어진다면 계속 따르려 할까? 따르지 않는다고 언론사 문을 닫아야 하는 것도 아니고 벌금을 물어야 하는 것도 아닌데.

언론 단체들이 '포털 노출 중단'까지 합의한다면 실효성 있는 제재방안이 될 수 있을 것이라 보는 모양이다. 그것이 가능만 하다면 언론사 입장에서는 가장 큰 타격의 제재 방법이 될 수 있다. 하지만 가능할까? 사실 이미 포털에서 관련 규제를 논의하는 '뉴스제휴평가위원회'라는 조직이 있다. 이 조직에도 언론계 현업에 종사하는 분들이 들어가 있다. 하지만 이 조직은 포털 내에서 벌어지는 오보, 왜곡보도, 선정적 보도에 대응하지 않는다. 그냥 정해진 몇 가지 규정을 근거로 쫓아낼지 받아줄지를 결정하는 역할만 할 뿐이다.

그나마 합리적이고 공정한 결정을 내리지도 못한다. 작은 언론사는 동일 기사를 반복 전송했다며 포털에서 쫓아냈는데, 큰 언론사에는 아무런 제재를 가하지 않았다. 언론계에 종사하는 현업인들이 이 기구에 포함돼 있지만 현업인들은 대체로 대형 언론사 출신인 경우가 많고 그 때문인지 포털 뉴스제휴평가위원회는 '대마불사(바둑용어, 결국은 살길이 생겨 쉽게 죽지 않는 일을 뜻하며 규모나 영향력이 큰 존재일수록 제재나 처벌을 받지 않는다는 의미다.)'가 통하는 조직이 됐다.

설령 자율규제 기구가 기사 내용까지 심의해 포털에서 빠지라 마라 명령한다 한들, 포털에서 먹고사는 한국 언론사들이 얌전히 이에 따르겠는가? 징벌적 손해배상을 둘러싼 논란에 대응하면서 "누가 고의성을 따질 수 있겠냐"고 따져 물었던 언론인데 자율규제 기구의 결정이 목숨줄을 쥐고 있다면 받아들일 수 있겠는가? 자율규제 기구가 "이것은 악의적인 왜곡보도"라고 판단해서 "포털에서 나가"라고 한다면 언론사는 "우린 그런 의도로 쓴 것이 아닌데? 니들이 뭔데 나가라 마라야?"로 나오지 않을까?

언론계에는 이미 자율규제 기구가 몇 곳 있다. 인터넷신문

위원회에는 기사심의 기능을 하는 기구가 있고, 신문기사들을 자율 심의하는 신문윤리위원회도 있다. 이 기구에서는 지금 이 순간에도 전문가들이 열심히 기사 내용을 들여다보고 있다. 하지만 한국 언론의 모습은 아무것도 달라지지 않고 있다.

방송의 경우는 좀 다르다. 물론 방송은 공공재인 전파를 사용한다는 점에서 민간 기업인 신문과는 확연히 다른 성격이 있다. 방송의 경우 문제가 생기면 방송통신심의위원회가 심사하고 제재를 내린다. 이 제재는 상당히 강력해서 제재가 쌓이면 방송사 면허가 취소될 수도 있다. 시장에서 쫓겨날 수도 있다는 의미다. 그래서 방송국에서는 이 심의규제 기구의 결정에 매우 민감하게 반응한다. 예능 프로그램을 보면 'PD가 양복 입는다'는 표현을 쓰는데 방송통신심의위원회에 심의를 받으러 간다는 의미다. 그렇게 보면 자율규제보다는 법적규제가 훨씬 효과적인 측면도 있다.

언론 개혁을 언론 스스로 하는 것이 가장 바람직하다는 주장은 분명히 맞다. 전 세계적으로 독재자들이 권력을 잡으면 가장 먼저 하는 것이 '언론 개혁'의 이름으로 언론을 통제하고 취재를 제한하는 일이다. 징벌적 손해배상제도에 구멍이 있어서 악용의 소지가 있다는 주장도 아주 틀린 말은 아니다.

하지만 언론계 상황을 보면 개혁의 동력을 스스로 만들어 갈 수 없다는 점도 분명하다. 개혁하려면 머리끝부터 발끝까지 모두 바꿔야 한다. 그런데 지금 언론은 대충 징벌적 손해배상제나 피해 가자는 마음뿐이다. 부랴부랴 모여 나쁜 기사 잡아내자고 하면서 여전히 나쁜 기사들을 쏟아내고 있다. 남자친구가 1인분에 43,000원짜리 참치를 사줬는데 여자친구가 안 먹었다는 기사, 누가 자동차 자동 세차기 안에서 샤워했다는 기사 모두 언론이 자율규제에 나서겠다고 선언한 이후에 나온 보도들이다. 뭘 바꾸겠다는 것인가?

이제 언론이 무엇을 바꿔야 하는지 보다 근본적인 얘기를 해야 할 시점이 됐다. 물론 이 제안이 무조건 올바른 언론 개혁 방향이라고 할 수 없을뿐더러 어떻게 보면 비현실적으로 느껴질 수도 있다. 하지만 언론이 최소한 이 정도도 바꿔내지 못한다면 언론 개혁을 요구하는 목소리는 더 커질 것이고, 국민의 목소리는 정치권의 움직임을 만들어낼 수밖에 없다.

그 얘기를 해보려고 한다.

INTERVIEW

믿을 수 있는 탐사보도, '뉴스타파'의 경쟁력은 시간이다

심인보

대한민국 대표 탐사보도 기자. 2010년 KBS <추적60분>에서 이명박 당시 대통령이 다니던 소망교회 관련 취재를 하다가 돌연 국제부로 '좌천'돼 주목받았다. 2014년 언론노조 KBS 본부가 길환영 사장의 퇴진을 요구하며 파업을 벌였을 때, 기자협회 진상조사단장을 맡았으며 이후 2015년 뉴스타파로 자리를 옮겼다.

뉴스타파에서는 친일파 후손들의 현재를 추적한 '친일과 망각' 제작에 참여했으며, 조세 회피처의 페이퍼 컴퍼니를 추적해 노태우 전 대통령 아들의 자금 은닉 의혹을 보도했다. 이건희 삼성그룹 회장의 성매매, 전관 변호사와 피의자의 유착 및 주가조작 의혹을 보도한 '죄수와 검사' 시리즈 등 굵직한 탐사보도를 쏟아냈다.

미국에는 〈프로퍼블리카〉라는 언론사가 있다. 미국 뉴욕 맨해튼에 자리 잡은 이 언론사는 월스트리트 저널의 전설적인 편집장 폴 스타이거와 뉴욕타임스 탐사보도 전문기자인 스티븐 엔젤버그가 의기투합해 만든 언론사다. 당시 월스트리트 저널은 미디어 재벌 루퍼트 머독의 손에 넘어가고 있었고, 뉴욕타임스도 하나님보다 강력한 광고주님의 손에 휘둘리고 있었다.

 미국 언론계에서 레전드로 통하는 두 기자는 돈과 권력으로부터 독립된 언론을 만들고자 했고, 이 소식이 알려지자 미국에서 날고 긴다는 기자 850명이 원서를 냈다. 캘리포니아의 갑부 샌들러 부부는 매년 천만 달러를 그냥 줄 테니, 어디 한번 날뛰어보라고 등을 밀었다.

프로퍼블리카는 광고를 받지 않는다. 아니, 영리 활동 자체를 하지 않는다. 오직 샌들러 부부의 돈을 받아 1년에 몇 건 안 되는 기사를 낸다. 하지만 그렇게 나오는 기사는 미국을 뒤흔들었다. 허리케인 카트리나가 강타한 뉴올리언스의 한 병원에서 환자들을 안락사시킨 사실을 2년 반 동안 취재해 보도했고, 금융회사들이 부동산 거품을 어떻게 조장했고 고객이 어떤 손해를 입었는지 수년간 취재해 보도했다. 프로퍼블리카는 온라인 매체 최초로, 기자들의 노벨상이라 불리는 '퓰리처상'을 그것도 두 번이나 받았다.

한국에도 비슷한 언론이 있다. 샌들러 부부는 없지만, 수많은 장삼이사가 어디 마음껏 날뛰어보라고 이 언론사에 후원금을 내고 있다. 이 언론 역시 광고를 받지 않고 기사도 무료로 제공하고 있다. 역시 하루에 한 건의 기사도 안 나오는 경우도 있지만, 기사를 냈다 하면 큰 사회적 반향을 일으키고 있다. 뉴스타파다.

이명박 정권 시절, 해직 언론인들이 만든 뉴스타파는 지상파 뉴스를 대체하는 대안 미디어에서 탐사보도 전문 매체로 완벽한 변신에 성공했다. 여기엔 뉴스타파 구성원 모두의 힘과 역량이 발휘됐지만, 지상파 방송이라는 거대 플랫폼 출신 기자들의 경험도 큰 자산이었다. KBS 출신의 심인보 기자 역시 〈추적 60분〉이라는 탐사보도 프로그램 출신으로, 뉴스타파로 옮긴 뒤 굵직한 특종을 쏟아내며, 국가대표 탐사보도 기자 중 한 명으로 이름을 떨치고 있다.

심인보 기자에게 궁금했던 것은 한국에서 메가 미디어, 올드 미디어의 전형이자 상징과도 같은 KBS에서 일하는 것, 반면 작지만 뉴미디어 성공 신화를 새로 쓰고 있는 뉴스타파에서 일하는 것에 어떠한 차이가 있는지였다. 그래서 만나자마자 바로 본론부터 물었다. "MBC와 뉴스타파의 가장 큰 차이는 무엇이었던가요?", "저…… KBS 출신인데요?", "아차."

KBS라는 큰 언론사에 있으면 제보도 많이 오고 취재도 매우 용이할 것 같다. 작은 매체에 근무하다 보면 취재하다가 우리가 어떤 매체인지 설명해야 하는 경우가 있는데 이때 참 힘들었었다. 그런 적 없나?

▶ 제보는 KBS에 있을 때보다 뉴스타파에 훨씬 많이 들어온다. 제보자 입장에서 가장 원하는 것은 뭘까? 아마 널리 알려지는 것 아닐까? 이를 위해 영향력 있는 언론에 제보하고 싶은 마음이 있을 것이다. 하지만 한편으론 자기의 이야기가 자세하게, 생략되지 않은 형태로 나가길 원할 것이다. 그러려면 심층 취재가 필요하다.

이 두 가지 상충하는 요구가 있는데, 거대한 지상파 방송은 영향력이란 측면에서는 충족되지만, 심층성에 대한 충족은 부족한 것 같다. 그래서인지 KBS에 있을 때도 큰 언론의 영향력이 낮아지고 있다는 걸 많이 느꼈다. 사실 지금 뉴스타파에 들어오는 양질의 제보가 더 많다.

다만 KBS에 있다 보면 취재가 용이한 측면은 있다. 정부 부처로부터 보도자료 받는 것, 혹은 누군가를 섭외할 때 KBS라는 이름과 뉴스타파라는 이름의 차이는 있다. 그런데 내가 대접받고 싶어서 기자 생활을 하는 건 아니니까……. 기자라는 직업의 본연 목적에 비춰보면 뉴스타파에서의 기자 생활이 훨씬 본질에 가깝다고 느낀다.

한국 언론의 문제점을 꼽는 사람들은 '출입처' 제도를 지적하곤 한다.

기자들은 출입처가 없으면 큰일 나는 것처럼 말하곤 하지만, 사실 출입처에 드나들다 보면 문제점이 너무 잘 보이지 않나?

▶ 출입처에 가게 되면 나도 모르게 출입처와 이해관계를 맺게 된다. 또 출입처가 가진 세계관을 공유하는 경우가 많고, 그러다 보니 다른 기자들과도 특정 이슈에 비슷한 생각을 하게 된다. 본인이 그러지 않기 위해 의식적으로 노력한다 해도, 솔직히 부지불식간에 그런 일이 벌어진다.

내가 기재부에 출입했을 때 미국에서 이른바 '리먼 브러더스 사태'가 터졌다. 그때 우리나라에서 미국과 통화스와프를 체결한 적이 있었는데, 나는 그 주역이 기재부라고 주장하고 한국은행에 출입하는 선배는 그 주역이 한국은행이라고 주장했다. 각 부처에서 얘기를 듣고 오니까. (웃음)

또 나쁘게 말하면 기자들 간의 담합, 좋게 말하면 협의, 이런 것도 강력했다. 내가 어떤 기사를 썼을 때 타사 출입처 기자들이 내 기사로 인해 고통받는 경우도 있었다. 내 생각엔 A가 맞는 것 같은데, 타사 기자들은 B가 맞다고 생각하는 경우도 있다. 이럴 때는 서로의 편의를 위해 정보를 교환하기도 한다. 그래서 결과적으로 출입처 기사들이 비슷비슷해진 측면이 있는 것 같다.

뉴스타파는 출입처가 없으니 그런 부분에선 자유로울 것 같다. 하지만 불편힌 점도 있지 않나?

▶ 뉴스타파에서는 출입처에 나가지 않으니, 타사 기자들과 정보를 교환하거나 이견을 조율할 일은 없다. 그러다 보니 어떤 사안을 볼 때, 좋게 말하면 독자나 시민들의 관점에서 조금 더 바라볼 수 있게 되는 것 같다. 출입처마다 분위기가 다를 것이고 사람마다 차이는 있겠지만, 출입처를 가면 출입처 공무원이나 기자들의 입장에서 판단하는 경우가 있다.

출입처를 안 나가니 빚지는 게 없는 것도 좋다. 출입처에 나가면 빚을 지게 된다. 밥도 얻어먹고 술도 얻어먹고, 때로는 회사 민원도 출입처에 전달해야 한다. 이런 관계가 쌓여서 빚이 되는 경우가 있다. 우리는 그런 것이 없으니, 자유롭게 기사를 쓸 수 있다.

가장 큰 어려움이 있다면, 역시 출입처라면 쉽게 얻을 수 있는 정보에서 소외되는 경우랄까? 나처럼 기성 언론에서 기자 생활을 하다가 온 사람이야 알음알음 자료를 받는 경우도 있지만, 처음부터 뉴스타파에서 기자 생활을 시작하신 분들은 어려움을 겪기도 한다.

출입처나 정해진 형식 없이 뉴스를 만든다는 것에, 뭔가 애매하고 감이 잘 안 잡히는 기자들도 있을 것 같다. 뉴스타파는 뉴스를 어떻게 '빌드업'하는가?

▶ 두 가지 방식인 것 같다. 하나는 제보로부터 비롯되는 취재, 또 하나는 문제를 인식하고 기획을 통해 맨땅에 헤딩하는 식으로 하는 취재다.

제보에서 시작되는 취재는 쉬운 편이다. 제보자의 주장이 있고, 검증 과정이 있고, 검증 경로가 신뢰할 수 있다면 왜 그런 일이 일어났는지, 누가 이런 일을 만들었는지 취재하면 된다.

문제는 제보가 없는 경우다. 우리는 탐사보도 전문 매체이기 때문에, 기사에 사용되는 정보의 원천성을 중요하게 생각한다. 우리가 발굴한 정보, 우리가 아니면 세상에 드러나지 않았을 정보가 중요하다. 하지만 그런 정보를 발굴하는 것이 어디 쉽나. 전통적인 방법인 정보공개청구도 해보고, 받아들여지지 않으면 소송도 하고, 국회의원실을 통해 입법부 감시 권한을 빌려 정보를 얻기도 한다.

최근에 우리가 한 일인데 국회의원들의 입법 활동비 관련 취재는 몇 년에 걸친 소송 끝에 승소해서 원 자료를 얻을 수 있었다. 또 검찰의 특수활동비 취재도 3~4년 전에 시작된 것인데, 이제야 1심 결과가 나왔다. 기사 하나를 쓰는데 충분한 시간이 주어지기 때문에 가능한 일이다.

충분히 시간을 들여 기사를 쓰는 건 다른 언론사에서는 결코 할 수 없는 일이다. 1년을 들여 기사 하나를 내도 포털이 실어주지 않으면 이른바 '가성비'가 훅 떨어지기 때문이다.

▶ 맞다. 사실 문재인 정부가 들어서고 공영 방송이나 신문이 정상화되면 경쟁적으로 탐사보도를 할 텐데, 우리가 그 틈바구니에서 살아남을 수 있

을까? 자문자답했던 때가 있었다. 그때 그 커다란 언론사와 비교해보니 우리가 가진 경쟁력은 시간밖에 없었다.

어떤 취재에 돌입하고 충분히 탐색할 수 있는 환경, 마감에 내몰리지 않고 스스로 더는 할 수 없다고 판단할 때까지 진실 검증을 하고 크로스 체크할 수 있는 환경, 이 풍부한 시간이 뉴스타파 경쟁력이다.

가성비를 신경 쓰지 않은 것이 뉴스타파의 가장 큰 장점이다. 하다못해 추적 60분을 할 때도, 6주나 8주 사이에 한 시간짜리를 한 편씩 만들어야 했다. 물론 작가님도 있고 다른 스태프들도 있었지만, 5주간 취재했는데 다음 주 방송을 채우기 어렵다거나 가설이 틀린 것 같다는 일은 있을 수 없었다. 아무리 탐사보도를 하겠다고 선언하더라도 기성 언론에서는 지면을 메워야 하고, 방송 시간을 채워야 한다. 하지만 뉴스타파는 인터넷을 기반으로 한 언론이다. 정규 방송이 없고 10분, 20분 방송을 만들 수도 있다.

 그리고 이 모든 것이 가능한 조건은 재정적인 독립과 안정이다. 우리는 광고에 따라 수입이 결정되는 구조가 아니다. 우리의 탐사보도물이 어떤 품질을 가졌는지가 중요하다. 우리는 콘텐츠로 장기적인 평가를 받으며 재정 여건이 결정된다. 단기적으로 큰 비난을 받고 후원회원들이 탈퇴한 적은 있었지만, 잠깐의 부침이었고 길게 보면 "뉴스타파 믿을 수 있다. 퀄리티 있다"는 평가를 받으면 재정이 안정됐다. 탐사보도는 언뜻 보면 가성비가 떨어지는 구조지만, 길게 보면 가성비가 좋다.

뉴스타파의 탐사보도물은 다양한 방식으로 활용되고 있다. 온라인 텍스트 기사로도, 유튜브 영상으로도, 영화로도, 책으로도 나온다. 그만큼 하나의 취재 결과물이 방대하다는 의미로도 보인다. 이런 결과물이 기자로서 정말 보람 있을 것 같다.

▶ 추적 60분에서 일했을 때도 매일 뉴스를 만드는 것보다는 한두 달 열심히 해서 한 시간짜리 프로그램을 만드는 것이 더 보람찼다. 그런데 뉴스타파는 한두 달이 아니라 몇 년을 취재해서 결과물을 내는데 이건 정말로…… 기자로서 이 이상의 행복이나 성취감을 생각하기는 어려운 것 같다.
어떤 '사건'이라는 것은 결코 단순하지 않다. 우리 사회의 한 단면을 응축해서 보여준다. 사건은 어떤 구조적인 이유가 있으며 탐사보도는 그 구조를 찾아낸다. 비록 100% 완벽한 전말을 보여줄 순 없지만, 납득이 갈 만한 정보를 탐사해서 하나의 완결된 이야기를 만든다는 것은, 경험해볼 만한 일인 것 같다.

문재인 정부가 들어서고, KBS로 돌아갈 수 있는 기회가 있었다. 왜 돌아가지 않았던 건가?

▶ 원래 소속으로 돌아가신 분들에게 하는 말은 아니지만, 개인적으로는 '폼이 안 난다'고 생각했디. 퇴직이 얼마 남지 않고 큰 조직에시 안정적으로

생활하면서 인생 후반전을 준비하는 마음은, 충분히 이해하고 비난하고 싶지 않다.

하지만 나는 아직 젊고 기자로서 일하는 것만 놓고 봤을 때는 뉴스타파에서 일하는 것이 훨씬 좋은 여건이었다. 뉴스타파 같은 여건에서 취재를 해봤는데, 다시 지상파로 돌아가 층층이 쌓인 조직에서 일하기는 쉽지 않았다. 지상파는 영향력만큼 신경 쓸 것이 많고 제약된 조건이 많다. 한번 자유를 겪다 보면……. (웃음)

KBS야 공영 방송이니까 수신료도 있고 생존할 수 있겠지만, 다른 언론사 특히 조직이 거대한 언론사가 앞으로 계속 유지될 수 있을까?

▶ 메가 미디어가 유지될 수 있었던 근본적인 이유는, 플랫폼을 독점하고 있었기 때문이었다. 윤전기를 돌릴 수 있는 자본이 많지 않고, 지상파 방송사는 공공재산인 전파를 사용하는, 허가를 받아야 하는 업종이다. 최대한 많은 사람에게 취재의 결과물을 알릴 수 있는 플랫폼은 한정돼 있었고, 이 플랫폼은 진입 장벽이 높았다. 그리고 그만큼 플랫폼에 진입하면 먹고사는 문제는 해결할 수 있었다.

지금은 그런 시대가 아니다. 플랫폼 독점은 깨졌다. '시장이 흘러가는 대로' 둔다면, 메가 미디어가 유지되기는 어려울 것이다. 그런데 저널리즘은 '시장이 흘러가는 대로' 둘 수 없는 가치다. 언론사는 죽어도 저널리즘은 살아남을 텐데, 메가 미디어가 해체된다고 해서 저널리즘의 본질이 더 강력해지는 것도 아니고, 저널리즘의 본질과 맞지 않는 일이 발생할 수 있다.

언론사를 없애고 가로세로연구소를 10개 만드는 것이 대안이 아닌 것처럼?

▶ 그렇다. 시장이 흘러가는 대로 놔둘 수는 없고, 인위적이지만 충분한 게이트키핑과 사회적 공론장을 도맡을 수 있는 언론사 조직은 있어야 한다. 큰 조직 한 개를 작은 조직 10개가 대체할 수는 없다.

지금 여러 유튜브 채널에서 특종이나 단독 보도를 하면서 대선 정국을 주도하고 있는 양상인데, 사실 어떤 제보가 왔다고 할 때 제보가 사실인지 아닌지 검증하기 위해서는 많은 시간과 비용이 든다. 그걸 감당할 수 없는 영세한 언론은, 날 것 그대로 터트릴 수밖에 없다. 이게 올바른 저널리즘의 기능일까?

물론 그동안 메가 미디어가 지은 죄가 너무 크다. 사실 그런 걸 생각하면 없어져도 할 말이 없는데 반드시 없애는 것이 대안인가 싶다.

5

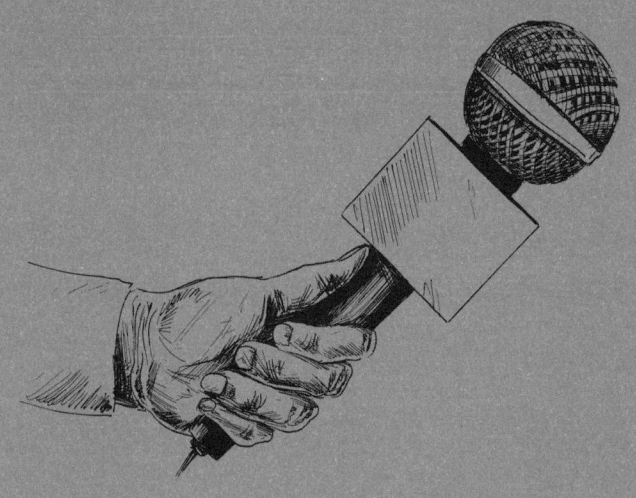

물러설 곳 없는 개혁

문제는
'포털'이다

"저 기레기는 앉아서 기사 쓰네"라는
댓글을 보며 뜨끔하지만 솔직히 맞는 말이다.
팩트를 검증하는 동안 경쟁 매체는
검증 없이 기사를 올렸고,
검증된 기사는 흘러간 옛이야기가 돼
포털에 걸리지 않았다.

"

'번 아웃'을 호소하는 기자들이 주변에 점점 많아지고 있다. 이건 이상한 일이다. 분명 기사에 달린 댓글들만 보면 기자만큼 대충 일하고도 밥 먹고 사는 직업이 없는 것 같은데, 정작 기자들은 장시간 노동에 스트레스를 호소하고 있다.

나는 아주 작은 지역신문 기자로 일을 시작했다. 그때는 핸드폰을 누가 더 작게 만드냐가 유행이었던 시절이었고, 전화나 문자가 아니면 핸드폰을 펼치지도 않던 시절이었다. 지하철을 타면 일단 누가 놓고 내린 신문이 없는지 찾아보았고, 신문을 보든 지상파 뉴스를 보든 무조건 처음부터 끝까지 쭉 보고 읽던 시절이었다. 라떼는 그랬다.

그 시절 주간 지역신문에서 일할 때는 정신없이 바쁜 날이 일주일에 하루 이틀 정도밖에 안 됐다. 신문이 나오기 전날, 즉 마감날을 제외하고는 정신없을 만큼 바쁘진 않았고 그럴 때

나가서 취재를 했다. 돌아다니며 사람들을 만나 이야기를 나눴고 하루에 믹스 커피를 3~4잔 정도 마셨다. 그리고 사무실이나 집에 들어가 취재 내용을 정리하고 기사의 초안을 잡았다. 워낙 작은 매체라 마감날만큼은 하루에 기사를 10건 가까이 써야 했지만 이미 취재된, 또 정리된 이야기를 다듬는 정도라 번 아웃이 올 만큼 정신없진 않았다.

그런데 이직한 곳은 달랐다. 주간신문을 내는 매체가 아니라 온라인 매체였다. 온라인에서는 매일매일 기사를 업데이트해야 했다. 그날 계획한 기사를, 그날 취재한 다음, 그날 기사로 써서, 그날 출고하는 경우가 대부분이었다. 사람들의 이야기를 들을 여유도, 취재한 내용을 정리할 시간도 없었다. 그럴 수 있는 유일한 방법은 업무 시간 이후를 활용하는 것뿐이었다. 매일매일 사람들과 술을 마셨고 새벽에 들어가 들은 얘기를 정리해야만 했다. 그리고 아침에 일어나면 오늘 쓸 기사를 보고해야 했고 빠른 시간 안에 계획한 기사를 써야 했다.

그다음으로 옮긴 매체는 포털과 기사를 제휴하는 매체였다. 이전 매체들에 비해 사람 수는 더 많아졌지만 신문과 온라인을 동시에 해야 했다. 평소에도 바빴고 신문 마감날은 더 바빴다. 오히려 사람들이 많아지면서 팀 분위기나 인간관계 같은 업무 외적으로 신경 써야 하는 부분도 있었다. 하지만 나이가 들수록 체력은 떨어졌고 원래 불어 있던 살은 더 급격하게 불어났으며, 건강도 상당히 안 좋아졌다. 어느 날 과음하고 잠을 자다 새벽에 일어났는데 이러다 죽을 수 있겠다는 생각이 들었다. 더 이상 밤에 누굴 만나서 술을 마시고 새벽에 기사를 쓸 체력도 정신력도 없어졌다. 결국 하루하루 꾸역꾸역 기사를 때우는 상황이 왔다.

물론 이 이야기는 핑계다. 이 와중에 잘하는 사람은 잘한다. 술 안 먹고도 취재 잘하는 기자도 분명히 있다. 하지만 난 그런 스타일의 기자가 아니었다. 그렇다고 내 삶을 일과 완벽하게 하나로 만들 수 있는 사람도 아니었다. 잠도 자고 싶었고 친구도 만나고 싶었다.

페이지 뷰에 목숨 거는 날림 기사
기자도 쓰기 싫다

주변을 보니 번 아웃은 나만의 문제가 아니었다. 많은 기자가 그랬다. "저 기레기는 앉아서 기사 쓰네"라는 댓글을 보며 뜨끔하지만 솔직히 맞는 말이다. 앉아 있지 않으면 기사를 쓸 수가 없었다. 발로 뛰어 기사를 써야 하는데 발로 뛰는 동안 경쟁 매체는 누구 SNS 뒤적거려 10만 뷰, 20만 뷰를 만들어냈다. 팩트를 검증하는 동안 경쟁 매체는 검증 없이 기사를 올렸고, 검증된 기사는 흘러간 옛이야기가 돼 포털에 걸리지 않았다.

더욱이 오랜 시간 공들여 열심히 쓴 기사는 돈이 안 됐다. 누구 SNS 글만 긁어서 쓱 가져다 붙이면 5분 만에 기사 쓰고 5만 뷰는 올릴 수 있는데 일주일 내내 공들이고 취재해서 원고지 50장 써서 기사를 올리면 딸랑 50명만 기사를 본다. 포털은 기사 한 건 한 건의 팩트 체크를 할 능력도 의지도 없는 곳이다. 잘 쓴 기사보다 빨리 쓴 기사가 포털 안에서는 왕이었고 자극적인 제목을 단 기사가 포털에서 군림했다.

그렇다고 포털을 버릴 수도 없는 노릇이다. 언론사의 경영진들은 매체에 돈을 투자할 생각이 없다. 뉴스가 공짜인 세상에 언론에 돈을 투자해 봐야 회수할 가능성은 크지 않다. 또 대부분의 언론사 사장들은 사업 능력이 없다. 당장 돈이 나오는 기사 조회 수나 털어 쉽게 쉽게 돈 벌 생각뿐이다.

그렇게 기자들을 의자에 주저앉힌 경영진들은 저 기자놈들 앉아서 거저 돈 번다고 생각하겠지만, 사실 기자들 입장에서 이런 방식의 업무는 매우 고통스럽다. 물론 몸이 힘들어서는 아니다. 앉아서 타자만 치는데 몸이 힘들 리가 있나. 다만 직업 정체성에 혼란이 찾아오고 삶의 만족도가 크게 떨어져서 고통스럽다. 컨베이어 벨트가 돌아가듯 사람들이 읽을 만한 거 찾고, 기사 쓰며 똑같은 일상을 반복하지만 컨베이어 벨트 노동자들과 차이가 있다면 그렇게 만들어낸 물건을 사람들이 좋아하지 않는다는 데 있다.

정체성을 잃은 기자들은 이제 "오늘 PV 사냥에 성공했다"며 스스로를 위로하고 서로서로 격려도 한다. 세상을 뒤흔들 특종보도, 통계와 데이터로 무장해 여론을 뒤엎는 분석보도, 누가 하고 싶지 않겠는가? 하지만 하루하루 채워야 하는 기사 수, 출입처에서 나오는 보도자료들을 챙기다 보면 이런 뉴스를 만들어내는 건 불가능하다.

모처럼 사회적으로 커다란 이슈가 발생해 단독보도가 쏟아질 때도 있지만 이 단독보도들도 오랜 시간 취재한 내용이 아니라 순간순간 찾아낸 사실의 파편들이 대부분이다. 현장에서 터진 것이 폭탄인지, 상한 우유인지 언론은 그 진실을 찾아내지 않는다. 그냥 오늘은 여기서 종잇조각이, 오늘은 저기서 쇳조각이 나왔다며 서로서로 떠들어댈 뿐이다.

종잇조각이든, 쇳조각이든 언론은 최초보도·단독보도로 독자들의 눈을 현혹해 클릭을 유도하지만 이런 파편화된 사실은 진실을 파악하는 데 방해가 된다. 이렇게 조각난 사실을 접한 독자들의 머릿속은 어지러워지거나 내가 본 사실만이 진실이라 믿는다.

이런 상황은 분명히 잘못됐다. 지금의 언론은 기사로 진실을 찾고 싶은 것이 아니라 기사로 돈을 벌고 싶어 한다. 뉴스를 사회적 공기로 다루지 않고 하나의 상품으로 다룬다. 당연히 언론의 신뢰도는 크게 깎이고 소비자들은 뉴스를 소비하는 데 냉소적이 된다. 기자들은 비웃음거리가 되고, 어딜 가든 환영받지 못하는 존재가 됐다.

하지만 아무도 바꾸려 하지 않는다. 어디서부터 잘못됐는지 찾을 생각도 하지 않고, 이 개미지옥에서 빠져나가려고도 하지 않는다. 상황을 바꾸자니 엄두가 안 나서 현실에 안주하게 된다. 뉴스가 비웃음을 사는 시대지만 지금 이 자리를 빠져나가면 아예 굶어 죽을 것만 같은 막연한 공포도 느낀다. 여기서 벗어나면 지옥 같은 느낌. 하지만 사실 이곳이 지옥이다. 언론은 치명적인 '대중의 불신'이라는 지옥에서 살고 있다.

어디서부터 잘못됐나 원인을 찾자면 가장 먼저 꼽아야 할 것, 그것은 분명 '포털'이다. 한국 언론은 포털이라는 동물원 속 동물이다. 포털은 언론을 철창에 가두고 먹이를 던져주며 길들이고 있다. 이제 언론은 먹이가 부족하면 들판에서 독자를 찾지 않고 포털을 향해 으르렁거린다. 물론 포털이 한국 언론을 망친 단독범은 아니다. 포털이 있기 전에 언론은 먹이가 부족하면 독자를 찾아다니는 것이 아니라, 먹이를 주는 기업에 으르렁거렸다.

포털에서
탈출하라

포털 안에서는 남들과 똑같은 기사를
누구보다 빠르게 써야 한다.
하지만 이제 읽을 만한 기사를 자사 홈페이지에서
소비하도록 해야 한다.
그래야 공들인 기사를 대중이 접할 수 있다.

2021년 하반기, 우리나라에서 가장 큰 언론사 중 하나인 연합뉴스가 포털에서 거의 쫓겨나다시피 했다. 이유는 간단하다. 연합뉴스가 돈을 받고 기사를 썼기 때문이다. 돈을 받고 썼다면 그건 기사가 아니라 광고라는 걸 모두가 안다. 하지만 연합뉴스는 그걸 기사라고 포장해서 포털에 납품했다.

우리나라에서 가장 큰 언론사 중 한 곳이 독자들을 대상으로 일종의 '사기'를 친 것이다. 그래서 포털과 언론사의 관계를 조절하는 '뉴스제휴평가위원회'라는 조직에서 이 연합뉴스의 포털 계약 수준을 강등시켰다.

예전에 이탈리아 프로축구 승부 조작 파동 당시, 유벤투스라는 명문 팀이 2부 리그로 강제 강등된 적 있었다. 그것과 비슷하다. 네이버·다음에 기사를 직접 파는, 그래서 네이버와 다음에서 기사를 판 대가로 돈을 받는 가장 높은 수준의 계약을

맺고 있던 연합뉴스는 검색해야 뉴스를 볼 수 있는 일종의 2부 리그인 '검색 제휴'로 밀려났다. 아예 포털에서 쫓겨난 것은 아니지만 1부 리그에서 활동하면서 받을 수 있었던 백억 원대의 돈을 받지 못하게 됐다.

그랬더니 그야말로 난리가 났다. 연합뉴스가 포털에서 빠져서 국민의 알 권리가 침해된다느니, 언론이 탄압받고 있다느니 난리가 났다. 분명 연합뉴스가 돈을 받고 기사를 썼고 그건 엄연히 잘못된 행동인데 그런 연합뉴스를 징계하면 국민의 알 권리가 침해된다? 물의를 일으킨 어느 연예인도 나를 프로그램에서 하차시키면 국민의 볼 권리가 침해된다고 주장하지 않는다. 그런데 언론이란 조직이 자신을 둘러싼 논란에 이런 어처구니없는 대응을 했다.

알 권리가 침해됐다는 국민은 정작 "뭐라고? 연합뉴스가 포털에서 빠졌어?"라거나 "응? 연합뉴스가 포털에 있었어?" 혹은 "연합뉴스는 뭐 하는 곳인데?" 등의 반응을 보이고 있다. 어차피 포털 속 기사들은 비슷비슷하고 그저 그렇다. 한해 400억 원 가까이 세금을 받아 가는 연합뉴스라고 해서 다른 언론사와 차별화된 특별한 기사가 나오지도 않는다. 그런데 국민의 알 권리 침해라니. 연합뉴스가 없어도 그 정도 알 권리는 아무 지장 없이 충족할 수 있다.

언론이 포털에 있으면 결국 그게 그거일 수밖에 없다. 동물원은 우리를 탈출하는 맹수를 키우지 않는다. 동물들의 종류가 다르더라도 보는 관람객 입장에서는 어차피 울타리 안에 있는 동물이다. 우리 속 동물과는 교감할 수 없다.

포털 메인을 차지하기 위해
남보다 빠르고, 남과 똑같이 써야 하는 현실

언론사는 포털 안에서 누구보다 빠르게, 하지만 다른 매체와 똑같이 기사를 써야 한다. "A가 말했다. B가 말했다. C가 말했다"라는 기사를 제일 빨리 써야 포털 메인에 걸리고 검색했을 때 가장 위쪽에 나온다. A가 왜 그렇게 말했는지, B가 그렇게 말한 배경이 무엇인지, C가 한 말의 맥락이 무엇인지 파악할 시간은 없다. 그러는 사이 경쟁 매체가 먼저 기사를 띄우면 포털은 그 기사를 메인에 올리기 때문이다.

포털 입장에서는 당연히 언론사가 분석기사를 쓸지 안 쓸지 알 수 없고 또 A의 말에 힘을 준 기사, B의 말에 힘을 준 기사, C의 말에 힘을 준 기사가 각각 다르다면 누구 하나의 말을 메인에 올리기도 어렵다. 편파적이란 논란이 따라붙을 테니 말이다. 그래서 그냥 A말 따로, B말 따로, C말 따로 가장 빠르게 쓴 기사를 메인에 올리는 것이 편하다. 그리고 '판단은 독자의 몫' 이라는 그럴싸한 말로 이 상황을 넘겨 버리면 그만이다. 그래서 뉴스는 넘쳐나는데 마땅히 읽을 기사는 없고 앞뒤 정황을 파악하려면 여러 뉴스를 독자가 일일이 찾아봐야 한다.

포털의 메인화면에 나오는 기사의 수는 매우 한정적이다. 네이버 첫 화면에 나오는 기사는 오직 1개뿐이다. 다음 첫 화면에 나오는 기사는 많아야 20개가량이다. 모바일로 가면 개수는 더 줄어든다. 하지만 포털에 기사를 공급하는 언론사는 그 화면에 나온 기사의 수보다 많고, 그들이 생산하는 기사는 하루에 수천 개에 이른다. 포털에서 어떻게 그 기사의 경중을 하나하나 파악할 수 있을까? 불가능하다.

그래서 포털은 AI가 뉴스를 편집한다고 말하고 있다. 그런데 AI가 뉴스를 편집하는 기준은 무엇일까? 알고리즘을 공개하라는 논란이 거세지만 AI의 판단은 유재석 뉴스를 보면 그냥 유느님 관련 기사를 추천해주는 것 정도로 보인다. 그 기사가 논란이든 왜곡이든 판별할 기준은 없다.

그렇다면 이렇게 몇 가지 키워드를 바탕으로 뉴스를 추천해주는 것을 두고 '큐레이션'이라 할 수는 없다.

포털을 빠져나와야
양질의 기사, 자유로운 언론이 탄생한다

외국은 어떨까? 외국은 대체로 뉴스 소비를 해당 언론사 홈페이지를 통해서 한다. 뉴욕타임스는 뉴욕타임스 홈페이지에서, 가디언은 가디언 홈페이지에서 뉴스를 읽는다. 구글이 시장을 대부분 잠식하고 있지만 구글은 검색을 통해 뉴스 리스트를 제공한다. 이 기준에 대해서도 설왕설래가 오가는데 우리나라 포털은 심지어 포털 첫 화면에 뉴스를 제공한다.

포털에서 뉴스를 빼면 된다. 아주 간단한 문제인데 이걸 못한다. 우선 포털이 못한다. 포털은 늘 뉴스를 통해 수익이 나지 않는다고 주장하고 있다. 하지만 포털에게 뉴스는 일종의 '광고 전단지'다. 뉴스를 보려는 사람들이 포털에 몰려와서 다른 서비스를 이용한다. 포털과 제휴단계가 높은 언론사도 포털에서 뉴스가 빠지는 걸 원하지 않는다. 사람이 몰려 있는 포털은 안정적인 조회 수를 보장하고 이에 따른 수익을 제공하기 때문이다. 하지만 언론은 포털을 벗어나야 살아남는다. 포털에서 제공하는 안정적인 수익에 안주하는 사이, 신문 구독률은 급감하고 뉴스 시청률도 떨어져 갔다. 안정적으로 수익을 제공하는 것 같았지만, 사실은 포털이 주는 먹이를 제외하고는 다른 먹이를 구할 수 없는 상황이 됐다.

포털이 주는 먹이는 '정크푸드'다. 포털이 주는 과실을 먹으려면 취재를 할 수 없고 반론을 들을 수도 없다. 빠르게 써야 하고 자극적이어야 한다. 그렇게 사회를 병들게 하는 기사를 써야 한다.

언론은 포털에서 빠져나와 자사 홈페이지를 강화해야 한다. 읽을 만한 기사를 포털에 주지 말고 홈페이지 안에서 소비하도록 해야 한다. 장기적으로 속보도 언론사 홈페이지를 통해 제공해야 한다. 그래야 언론이 중요하게 생각하는 기사를 전진 배치할 수 있고, 공을 들인 기사를 독자들 앞에 자랑스레 내놓을 수 있다.

뉴스를 브리핑해야 하는 내 입장에서는 아주 고통스러운 일이 될 수도 있다. 지금은 네이버·다음만 돌아다녀도 하루의 주요 뉴스를 브리핑할 수 있다. 하지만 이렇게 바뀌면 언론사 홈페이지마다 모두 방문해야 한다. 그래도 장기적으로는 훨씬 도움이 될 것이다. 양질의 기사들을 쉽게 구할 수 있을 테니까. 지금 포털에서 양질의 기사를 찾는 것은 매우 어려운 일이다. 또 각 언론사만의 강점이 드러나면 주제에 맞게 필요한 보도를 찾는데도 매우 유용할 것이다. 지금은 똑같은 기사를 똑같이 쓰고 있으니 특별한 기사를 찾아내는 게 하늘의 별 따기다.

포털에서 받는 돈이 너무 아까워서 포기할 수 없나? 그렇다면 아무리 못 해도 포털에 제공하는 기사의 수를 제한해야 한다. 언론사가 그날 자신들이 작성한 기사 중 신중하게 고른 몇 개 기사만 포털에 전송하는 것이다. 이렇게 된다면 언제 어떤 기사가 어디서 터질지 모른다며, 마구잡이로 포털에 기사를 쏟아대는 일은 없어질 것이다.

물론 부작용도 있을 수 있다. 포털이 언론계에 미친 순기능 하나가 있다면, 규모가 큰 언론사든 작은 언론사든 영향력을 동등하게 만들어버렸다는 데 있다. 언론사는 만드는 것 자체는 어렵지 않지만 사실 시장 진입장벽이 높은 편이다. 독자들이 이름을 아는 언론사 수는 제한돼 있고 돈을 벌 방법도 한정적이다. 그러다 보니 작은 파이를 여러 언론사가 나눠 먹어야 한다. 언론사 규모가 작으면 파이를 차지하기 어렵고 규모가 크면 유지하기가 어렵다.

그러다 보니 이미 시장에 진입한 일부 매체가 여론을 크게 좌우했던 것이 문제였다. 언론사 사장이 '밤의 대통령'으로 불렸고 언론은 행정부·입법부·사법부에 이은 '4부'로 불릴 정도로 힘이 세졌다. 그런데 포털에 들어와서는 그 차이가 없어졌다. 규모가 작은 언론사도 100만 명이 읽을 기사를 쓸 수 있게 됐고 규모가 큰 언론사의 기사는 천 명도 안 보는 일이 비일비재해졌다. 포털님이 선택만 해주신다면 여론을 좌우할 수 있는 기회는 직원 500명이 있는 언론이나, 10명이 있는 언론이나 동등하게 가질 수 있게 됐다.

포털을 없애면 이른바 '알려진 언론사'에 대한 여론 편중이 오히려 지금보다 더 심해질 수도 있다. 그렇다고 현재의 포털을 그대로 방치할 수는 없다. 이에 대해선 한국언론재단이 뉴스 구독 플랫폼을 만들어보는 것은 어떨까 싶다. 현재 카인즈 검색 시스템을 메인으로 하되 UI(User Interface)를 단순하게 하는 것이다. 일간지, 방송사, 통신사, 여성, 장애인 등 카테고리를 통해 들어가면 각 언론사가 내세우는 5개가량의 기사를 랜덤으로 선보이는 방식이다. 언론사 홈페이지를 일일이 들어가기 어려운 독자나, 주요 뉴스의 제목 흐름만 보고 싶은 독자에게 유용할 것이다.

민간포털이 아닌 공공기사포털에서 뉴스 기사를 클릭하면 그 언론사 홈페이지로 직접 연결을 시키면 된다. 포털에서 뉴스를 제공하지 않고 뉴스 유통에 공공성을 부여한다면 충분히 적용할 수 있는 방법이 아닐까 싶다. 물론 어떤 방식이든 뒤따르는 부작용은 있다. 때문에 가장 기본적인 변화를 언론이 모색하고 싶다면 돈 욕심을 버리는 것이 최우선이다. 물론 노동에 대한 정당한 내가는 필요하다. 하지만 똑같은 기사를 복사

붙여넣기 해서, 혹은 돈 받은 광고를 기사인 것처럼 포장해서, 혹은 누군가의 사생활을 침해해서 버는 돈은 노동 수익이 아니라 범죄 수익에 가깝다. 취재하고 기사 써서 훌륭한 콘텐츠를 독자가 구매하게 하는, 저널리즘 본연으로 돌아가는 것을 전제한다면 공공포털이든 민간포털이든 큰 상관은 없을 것이다. 언론이 스스로 그 본연으로 돌아가기 어려워한다면 환경을 변화시켜보는 것도 분명 필요하다.

"

출입처를
버리자

관이 정보를 독점하던 시대는 지나갔다.
정부 청사 문만 열고 나가면
도처에 기사가 널려 있는데
왜 출입처에 갇혀서 똑같은 기사를 써야 하는가.

전통을 무시할 필요는 없다. 하지만 시대정신에 어긋난다면 그것은 지켜야 할 전통이 아니라 타파해야 할 구시대 악습이다. 출입처는 장담컨대 20세기에서나 통할 법한 낡은 제도이며 타파해야 할 구시대 악습이다.

2021년 연말, 언론사 내 세대 갈등에 대한 토론회가 열렸다. 이 자리에 참석한 90년대생이라는 연합뉴스 기자가 "페미니즘과 생태 이슈에 관심이 많은데 선배들은 여기에 관심이 없다"고 말했다. 실제로 21세기 대한민국 사람들은 정말 다양한 주제에 다양한 관점으로 관심을 보인다. 그런데 정작 한국 언론의 관심사는 20세기에도, 21세기에도 정치인이 오늘은 누구랑 싸웠고 내일은 편 들어줄 누구를 만난다는 정도에 머물러 있다.

MZ세대 표심 분석 기사에 MZ세대는 없다
출입처에서 60대 정치인과 기사 쓰는 현실

이 글을 쓰는 2021년 연말인 현재, 대한민국 언론은 'MZ세대'라는 용어에 주목하고 있다. 20~30대 유권자 상당수가 지지하는 대통령 후보를 결정하지 못했기 때문이다. (사실 10년 전에도 20년 전에도 20~30대 유권자들은 늘 부동층이 많긴 했다.) 어쨌든 언론이 이 현상을 주목한다면 상식적인 접근법은 그 'MZ세대'라는 분들이 왜 지지하는 후보를 결정하지 못했는지, 정치가 무엇을 바꿔야 한다고 보는지 직접 유권자들에게 물어보는 것이다.

하지만 한국 언론은 MZ세대를 출입하지 않는다. 대신 더불어민주당과 국민의힘에 출입한다. 그러다 보니 MZ세대의 표심 분석을 더불어민주당과 국민의힘의 60~70대 정치인들과 한다. 언론은 이재명 더불어민주당 후보가 MZ세대 인재들을 영입했다고, 윤석열 국민의힘 후보가 MZ세대들과 간담회를 했다고, 이걸 〈MZ세대 표심잡기〉라고 제목을 붙인다.

앞으로 대선 결과가 어떻게 될지 모르겠지만 MZ세대라는 분들도 선거가 가까워지면서 어떤 후보에게 표를 줄지 결정할 것이다. 그리고 그 결정의 기준은 언론이 보도하는 후보의 이미지나 정책을 통해 판단할 가능성이 크다. 그런데 그렇게 대통령이 바뀌어도 MZ세대라는 분들의 삶은 하나도 바뀌지 않는다. 어차피 대통령도 60대, 장관도 60대다. 편의점에서 시급 9천 원 받고 알바하는 MZ세대는 이 나라의 정책 결정에 그 어떤 영향도 미치지 못한다.

MZ세대의 표심이 그렇게나 중요하고 미래세대의 표심 향방이 궁금하다면, 그럼 마이크를 그들에게 댈 일이다. 20대부터 40대까지 아울러서 신입사원과 과장님을 하나의 세대로 보는 것도 웃기는 일이지만, 그 표심이 그렇게 중요하면 MZ세대가 처한 현실과 생각을 들어야 한다. 가정과 직장에서 어떻게 생활하고 있는지, 얼마를 벌고 그 벌이가 세상 사는데 적당한 금액인지, 원하는 삶의 방향이 무엇인지 끊임없이 묻고 분석해야 한다. 하지만 언론은 늘 연대 앞, 서울대 앞, 이대 앞에서 몇몇 20대의 의견만 묻고 MZ세대의 표심이라 통칭한다.

이들의 말을 들을 기자가 없기 때문이다. 한국에서 언론사에 속해있는 기자 대부분은 출입처에 있다. 국민과 직접 만나지 않는다. 그런데 MZ세대의 관심사를 언론이 어떻게 알겠는가? 아니 실제로 MZ세대가 있다고 단정할 수는 있는가?

정보 공개 시대
기관 출입은 의미가 없다

출입처는 권위주의 정권 시대에나 맞는 제도다. 관에서 모든 정보를 쥐고 흔들었던 시절에 입을 열지 않는 공무원들과 밥도 먹고, 술도 먹고, 사우나도 가고, 다 하면서 친해지고 이를 통해 내밀한 자료를 빼내 올 때나 유효한 방식이다. 하지만 21세기 대한민국 정부는 대부분의 자료를 홈페이지에 공개하고 있다. 또 필요한 자료가 있으면 누구나 정보공개청구를 통해 확보할 수도 있다. 정부 부처가 필요하면 유튜브 등을 통해 직접 국민에게 설명하기도 한다. 관이 정보를 독점하던 그런 시대는 이미 지나갔다.

오히려 출입처 제도를 통해 정부 기관은 특정 언론과 결탁해 정보 공개 여부를 결정한다. 이 정보 독점을 유지하고자 언론은 다른 언론의 취재 여부를 심사하고 결정하며, 매체의 취재를 통제한다. 출입처 얘기하면 알 권리 운운하지만, 그토록 신봉하는 알 권리를 가장 많이 침해하는 조직은 언론 바로 그들이다.

그렇게 출입처를 통해 나오는 기사들도 사실 대단치 않다. 최근 환경·생태 이슈에 많은 사람이 관심을 갖고 있지만 환경부 출입기자 이름을 기억하는 사람은 사실 거의 없을 것이다. 반면 오마이뉴스에서 환경 관련 글을 쓰는 최병성 목사의 이름을 들어본 사람이 더 많을 것이다. 최병성 목사가 환경부에 출입을 할까? 아니다. 최병성 목사는 직접 녹조 낀 강에 찾아가고, 나무가 집단으로 베어지는 현장을 돌아보고, 시멘트 공장 주변 마을에서 분진을 손으로 닦아가며 기사를 쓴다. 그런 최병성 목사는 정식 기자가 아니기 때문에 소정의 원고료를 제외하면, 오마이뉴스에서 따로 대가를 받지도 않는다.

매일 아침 기자들은 데스크에 기사 보고를 하면서 출입처 기사가 있는지 짜내고 있다. 그럴 필요가 있나? 광화문, 과천, 세종시 정부 청사 문만 열고 나가면 도처에 기사가 널려 있다. 그런데 왜 허구한 날 출입처 안에 갇혀서 머리를 쥐어짜고, 남들 다 쓰는 출입처 기사 물 안 먹겠다며 기자들이 밤낮없이 야근해야 하는가?

그렇게 밤낮없이 기사 써봐야 어차피 똑같다. 결국 빨리 쓰는 기자가 장땡이다. 빨리 쓰려면 궁둥이를 의자에 붙여야 한다. 그러다 보니 출입처 밖으로 나가는 게 더 어렵다. 출입처 안에서는 얘기를 나눌 사람도 한정돼 있다. 결국 기사의 품질은 더 나빠진다.

"

'정경사'를 벗어나라

국회의원이 음주 운전하면
정치 기사인가, 사회 기사인가?
검사가 술 먹다 누구를 때리면
법조가 취재해야 하나,
경찰 출입기자가 취재해야 하나?

언론사의 꽃은 '정경사'라고 한다. 정치부·경제부·사회부를 의미한다. 정치부는 청와대와 국회, 각 정당, 정부 부처를 출입한다. 경제부는 각 기업과 경제 관련 정부 부처를, 사회부는 법원과 검찰, 경찰 등을 출입하며 관할 지역 내에서 벌어지는 사건사고를 취재한다.

이 '정경사'가 언론의 핵심이다. 똑같은 언론사 내의 똑같은 '부장' 직함이어도 정치부장과 문화부장의 무게는 다르다. 정치부로 가면 영전榮轉이고 야당에서 여당으로 가도 영전이다. 기자 시작은 모두 사회부 경찰 출입기자로 하지만, 여기서 잘하면 혹은 좋은 대학을 나오면 검찰로 가서 사회부 법조 출입기자가 된다. 여기서도 잘하면 정치부로 가서 정치인들을 따라다닌다. 일 잘해야 하는 이유는 알겠는데 좋은 대학은 왜? 법조나 정치에 좋은 대학 나온 동문들이 많기 때문이다.

나처럼 단독기사도 잘 못 쓰고, 손도 느리고, 행동도 빠릿하지 못하다면 정경사를 떠나게 된다. 그리고 한 번 떠난 정경사는 다시 돌아오기 힘들다. 보통 순환근무를 하지만 언론사도 사람이 일하는 곳인지라 '라인'이 생기고 '계파'가 생긴다. 일은 잘해도 '라인'이나 '계파' 같은 원심력에서 밀려난 사람들은 이너써클로 다시 들어오기 어렵다.

그런데 기자들이 정경사에 가려고 그렇게 애쓰고 떼쓰는 것과는 별개로 사실 정경사의 시대는 이미 끝났다. 21세기 대한민국 언론에 '정경사' 같은 구분은 아무 의미가 없다.

종이 신문 시대에 통했던 섹션 분류
지금은 의미 없는 구분 짓기

사실 이 '정경사'는 과거 언론 환경에서는 아주 효율적인 시스템이었다. 뉴스를 아무 곳에서나 볼 수 없었기 때문이다. 돈 주고 신문 한 부를 샀으니 독자들은 이 신문을 통해 세상의 모든 소식을 접하고 싶은 욕구가 있을 수밖에 없다. 똑같이 신문을 샀는데 내가 보는 신문에 나오지 않은 얘기를 다른 직장동료들이 알고 있다? 이건 열 받는 일이다.

9시 뉴스도 마찬가지다. 지금이야 뉴스 시간이 제각각이고 사실 8시나 9시에 맞춰서 TV 앞에 앉아 뉴스를 보는 사람도 없지만, 불과 십여 년 전까지만 해도 종합뉴스는 모두 9시에 시작했고 이날 흘러나온 뉴스는 어디서 다시 볼 수도 없었다. 그러니 채널을 고정시키기 위해서는 타 채널이 내는 뉴스는 모두 다뤄야 하며, 할 수 있으면 우리만 내는 뉴스를 가져야 했다. 그게 경쟁력이었다.

즉 신문이나 TV 뉴스에는 세상의 모든 소식이 들어가야 했다. 그런데 어디서부터 어디까지가 연관된 뉴스인지 그 구분이 명확하지 않고, 또 신문 한 장에 원내대표 선출 소식과 축구 국가대표팀 경기 소식을 넣으면 혼란스러우니 정치·경제·사회·문화·스포츠 같은 분야가 생긴 것이다. 그렇게 기사를 배열해야 읽는 독자 입장에서도 편안하고 체계를 느낄 수 있다.

이제 세상이 변했다. 아무도 뉴스를 보려고 돈 주고 신문을 사지 않고 TV 앞에 앉지도 않는다. 그런데 정작 언론이 뉴스를 공급하는 방식은 과거와 똑같다. 정치·경제·사회로 나눠 세상 이슈를 다루려 한다. 그것도 국내의 모든 언론이 똑같이. 포털에는 모든 언론이 들어가 있고 독자 입장에서는 똑같이 생긴 뉴스만 쳐다볼 수밖에 없다.

구분도 모호하다. 뉴스 배치 편의를 위해 굳이 구분 짓기는 했지만 세상의 모든 이슈가 정치와 사회·경제로 분류되지 않는다. 국회의원이 음주 운전하면 정치부인가, 사회부인가? 검사가 술 먹다 누구를 때리면 법조가 취재해야 하나, 경찰 출입 기자가 취재해야 하나?

지금의 정경사 구분은 오히려 기사를 쓰는 데 방해가 된다. 굳이 의미 없는 구분으로 해마다 기자들을 이 부서, 저 부서로 뺑뺑이 돌리는 건 언론을 전문적이지 못한 아마추어로 만든다. 또 지면의 구분짓기는 언론사 내부의 구분짓기로 이어져 계파를 만들고 사안을 보는 관점을 좁게 만든다.

생활·문화 등의 기사가 사라진 시대
프로젝트 기자팀이 대안 아닐까

사람들의 관심이 정경사에 쏠려 있던 시대는 지났다. 문화와 생활 정보 역시 수요가 있다. 그런데 오히려 생활·문화 관련 기사는 과거보다 못한 대접을 받고 있다. 정경사만 주요 이슈로 다루다 보니 다양한 생활·문화가 사라져버린 것이다.

신문을 사서 뉴스를 보던 시절, 정경사 같은 섹션으로 기사가 나뉘었고 문화 역시 그 섹션 중 하나로 지면을 배정받았기 때문에 질 좋은 문화 기사가 생산될 수 있었다. 신문 지면에 연예인이 어떤 수영복을 입었는지 따위의 기사를 넣을 순 없으니 정말 좋은 문화 기사들이 나오던 때가 있었다. 조선일보를 싫어하는 사람도 문화면은 향기롭다는 칭찬을 하기도 했고, 한겨레를 싫어하는 사람에게서도 인디밴드 관련 기사는 취향을 저격당하고 말았다는 평가를 받을 수 있었다.

그런데 지금 문화는 찬밥이 됐다. 향기롭던 문화 기사는 대중의 클릭을 유도하는 저질 기사로 대체됐다. 신문과 잡지를 통해 문화적 욕구를 충족하던 대중은 전문가들이 직접 운영하는 블로그와 유튜브로 몰려갔다. 한국 힙합 문화의 상징이 된 쇼미더머니10 방영 중 화제가 된 건 어느 언론사의 리뷰 기사가 아니라, 1세대 래퍼 원썬이 만드는 유튜브 리뷰였다.

그러고 보면 사실 지금 이 시대 언론사에 필요한 것은 부서가 아니라 프로젝트팀이 아닐까 싶다. 언론사가 취재한 사안을 정하고 움직임이 가벼운 팀을 조직해 깊이 파고들어 기승전결을 갖춘 스토리를 만들어야 한다. 송파구 세 모녀 사건을 사회부 강남서가 취재하고 보건복지부 출입기자가 복지제도의 구멍을 취재할 것이 아니라, 이 세 모녀가 극단적 선택을 해야 했던 배경을 취재하기 위해 팀을 꾸려서 사건의 개요부터 이들의 삶, 비슷한 일을 겪고 있는 분들, 제도적 허점까지 구석구석 두루두루 취재해야 한다. 문화 기사도 마찬가지다.

이렇게 깊이 있는 취재로 결과물을 내놓은 팀은 또 다른 특정 사건을 취재하는 데 투입되거나, 취재한 영역을 더 확장하기 위해 관련 법과 제도를 연구하는 팀이 될 수도 있다. 그리고 이 팀에서 일한 기자들은 해당 분야에 전문가가 되고 비슷한 사건에 보다 전문적인 식견을 바탕으로 기사를 쓸 수 있다.

어디서나 볼 수 있는 기사가 아니라, 같은 사건이라도 다양한 관점을 제시하고 이면을 파고들어 진실 뒤에 숨어 있는 또 다른 진실까지 수면 위로 끌어 올려야 한다. 그리고 이를 바탕으로 언론은 정치권에 더 나은 세상을 만들기 위한 영감을 줘야 한다. 언제까지 남들 다 쓰는 기사 쓰면서 승진 한번 해보자고 정치부·경제부·사회부나 기웃거릴 것인가?

"

수직이 아니라
수평으로

젊은 사람들이 뉴스를 외면하고
독자들은 나이가 들어가고 있다.
다양한 이해관계, 다양한 관심사를 되찾으려면
수평적 구조가 필요하다.

언론에 대한 실망감이 아무리 크다 하더라도 SNS나 유튜브 등에서 떠도는 정보에 비해 많은 분이 언론 보도에 신뢰감을 갖는다. 그 이유는 '게이트키핑'이 있기 때문이다. 언론사는 기자 1명이 들은 정보로, 기자 1명의 판단으로 기사를 내지 않는다. 기자가 써온 기사를 팀장이 보고, 부장이 보고, 국장이 본 뒤에 대중 앞에 내놓는다. 게이트키핑은 단순히 오탈자를 잡는 과정이 아니며 써온 기사가 빈틈없이 취재됐는지, 반론이 잘 담겨 있는지, 기자가 선입견을 갖고 기사를 썼는지 등을 판단하고 보완하는 과정이다. 물론 이 역시 인간이 하는 일이라 게이트키핑이 완벽할 수는 없다.

현재 한국 언론이 위기라고 평가받는 가장 중요한 이유는 게이트키핑이 무너졌기 때문이다. 그리고 게이트키핑이 무너진 것은 포털이 언론사의 기사를 끌어 담으면서 본격 시작됐다. 최대한 많은 기사를 최대한 빨리 내는 것이 언론사의 지상 과제가 되다 보니 데스크가 게이트키핑을 할 수 없는 지경에 이르렀다. 아무리 능력이 출중한 데스크라 하더라도 하루에 기사 수십 건을 꼼꼼히 읽으며 출고할 수 없다. 그래서 상당수 언론, 심지어 정론을 주장하는 많은 일간지가 온라인 기사를 그냥 기자 개인이 올리고 포털에 전송하도록 권장하고 있다. 반복되는 얘기지만 포털에 기사를 빨리, 그리고 많이 올려야 수익을 낼 수 있기 때문이다. 그러니 사고가 발생한다.

2021년 조선일보가 성범죄 관련 기사에 조국 전 법무부 장관 가족의 이미지를 사용했다. 조국 전 장관에 대한 호불호를 떠나 언론으로서 해서는 안 될 행위를 한 것이다. 그런데 이 삽화 삽입을 '게이트키퍼'가 알지 못했다고 조선일보는 주장했다. 조선일보의 해명을 그대로 받아들인다 하더라도 게이트키핑이 무너진 한국 언론의 현실밖에 보이지 않는다.

성별, 나이, 경험을 종횡으로 오가는 새로운 게이트키퍼가 필요하다

게이트키핑 문제를 해결하기 위해서는 기사 수를 줄여야 한다. 백여 명의 기자가 있는 조직이라면 출고하는 기사가 하루에 최대 50개가 안 돼야 기사 품질을 유지할 수 있다. 기사 수가 중요한 것이 아니라 품질 좋고 읽을 만한 기사를 생산해야 한다. 데스크는 기사 한 건 한 건을 집중적으로 게이트키핑해야 한다. 그래야 기사의 품질이 유지되고 언론의 신뢰도가 올라갈 수 있다. 불가능한 일이 아니다. 과거 신문과 방송으로만 뉴스를 유통했을 때 언론의 취재 시스템이 그랬다. 물론 그때라 해도 언론 보도가 마냥 신뢰만 받았던 것은 아니었다. 정파성 문제는 늘 한국 언론의 숙제 같은 것이었다. 하지만 그때는 언론의 기사가 비열하다고 손가락질받았어도, 한심하다는 조롱을 받지는 않았다. 독재에 항거하지 못한다고 비판은 받을지언정, 기자가 돈독이 올라 앉아서 기사 쓴다고 비웃음을 사지는 않았다.

게이트키핑이 이렇게나 중요하다. 많은 사람을 거칠수록 많은 사람이 신뢰하는 기사가 나오고, 한 사람이 기사를 오래 들여다볼수록 빈틈없는 기사가 나온다. 하지만 과거의 게이트키핑 구조를 유지할 수는 없다. 언론의 게이트키핑 구조는 너무 낡고 효율적이지 못하다. 신문의 호흡으로 게이트키핑을 해야 하지만, 신문의 정서로 게이트키핑을 할 수는 없는 노릇이다. 쇼미더머니를 모르고 스우파를 모르는 문화부장이 문화 기사를 게이트키핑 한다는 건 황당한 일이다.

변화가 느린 사회는 경험의 중요성이 부각될 수밖에 없다. 언론사도 마찬가지다. 입에서 입으로 전해지던 뉴스가, 종이가 개발되고 인쇄 기술이 발달하면서 신문으로 만들어지기까지 수천 년이 걸렸다. 활자로만 전해지던 기록이 라디오 음성으로 전해지기까지 수백 년이 걸렸고, 음성이 TV 영상으로 발전하기까지 수십 년이 걸렸다. 그리고 뉴스의 중심이 TV에서 포털로 넘어가는 데 수년이 걸렸고, 포털에서 팟캐스트로, SNS로, 유튜브로 넘어가는 데는 고작 몇 년이 걸렸다.

변화의 속도는 빨라졌고 사람들의 욕망은 다양해졌으며, 지적 욕망을 충족해주는 도구가 넘쳐나는 시대가 됐다. 정치부에서만 10년을 일한 정치부장이라 하더라도 정당사를 줄줄 외우는 20대 정치 덕후에 비해 식견이 뛰어나다고 볼 수만은 없는 세상이 되었다.

그런데 그런 세상에 언론사의 게이트키핑 구조는 너무 고루하고 낡았다. 50대 초중반의 국장에 40~50대 부장, 30대 후반에서 40대 초반의 팀장, 그리고 실제로 직접 취재하는 20~30대 젊은 기자들. 이 뻔하고 고루한 조직구성이 어떤 결과를 초래할까? 또 최근 젊은 여성 기자 수가 많아졌음에도 게이트키핑을 담당하는 데스크의 상당수는 남성이다. 이 역시 어떤 결과를 초래할까?

언론사를 다니는 사람이라면 그 결과는 모두 알고 있다. 젊은 사람들이 뉴스를 외면하고 독자들은 나이가 들어가고 있다. 50~60대 남성 독자. 현재 언론의 주요 독자층이다. 50~60대 남성 독자들이 볼 수 없는 신문을 만들어야 한다는 의미가 아니라 독자들의 다양한 이해관계, 다양한 관심사들을 되찾아와야 한다는 의미다. 그런 점에서 현재 언론사가 유지하고 있는 조직 구조는 그야말로 독이 된다고 본다.

물론 '짬에서 나오는 바이브'는 존재한다. 그게 무엇이든 자기 영역에서 10년 이상 일한 노동자는 전문가가 된다. 초보자가 볼 수 없는 모순과 한계를 숙련된 전문가들이 볼 수 있다는 사실은 분명하다. 그러나 짬에서 나오는 바이브는 새로운 유행 속에서 빛나는 법이다. 레트로는 뉴웨이브와 함께 존재한다.

이제 50~60대 전문가 기자들은 데스크를 박차고 자리에서 나와야 한다. 자신이 오랫동안 취재한 분야에 깊이 있는 식견을 더해 '덕후'들을 위한 기사를 써야 한다. 20~30대 기자들은 한동안 이곳저곳을 취재하며 관심사를 탐구하고, 30대 중반에서 40대 기자가 되면 자신만의 분야를 찾아야 한다.

그렇게 다양한 관심사를 가진 기자들이 모여 특정 사건이나 이슈에 팀을 구성해 깊숙이 파고들면서 독자들에게 사실을 넘어 진실을 제시하고, 다양한 읽을거리와 볼거리를 제공해야 한다. 게이트키핑은 특정인이 하는 것이 아니라 팀에서 '브레인스토밍'을 통해 해야 한다. 수직적 조직은 이미 유효기간이 끝났다. 수평적 조직으로 조직을 재구성해야 한다. 조직 구조는 그대로인데 회사 안에서 제임스니 씬디니 '님'자 빼고 영어로 이름 불러봐야, 달라지는 건 아무것도 없다.

'정파성'에서
벗어나려면

한국 언론의 문제는
'중립을 지키지 않고 누구의 편을 들고 있다'의 문제가 아니다.
누구의 편을 들면서
중립적인 척하는 것이 진짜 문제다.

한국 언론은 정파성으로부터 자유로워지려고 한다. 그런데 이 말은 역으로 정파성 때문에 많은 비난을 받고 있다는 걸 의미하기도 한다. 조선일보의 사시는 '불편부당不偏不黨', 누구의 편도 들지 않는다는 것이지만 정작 조선일보는 선거 때마다 "선거에서 손을 떼라"는 비난을 받고 있다.

조선일보만의 문제는 아니다. 독자들은 어떤 언론이 어느 쪽을 편들고 있다는 걸 알고 있다. 솔직히 바보가 아닌 이상 기사 하나만 보면 이걸 모를 수가 없다. 하지만 언론사는, 그리고 기자들은 누구나 알고 있는 이 사실을 부인한다. 편향됐다는 비판에 매우 민감하게 반응하고 특정 정치권과 가까워 보이는 걸 극도로 경계한다.

인간은 누구나 정치적이다. 누구나 정치적 판단을 할 수 있고 그 판단에 따라 누구나 정치적 의견을 낼 수 있다. 인간이

하는 일에 중립이란 건 있을 수 없다. 언론은 더불어민주당과 국민의힘 입장을 반반씩 담으면 중립이라고 생각하지만, 한국 사회는 더불어민주당과 국민의힘으로 이뤄져 있지 않다. 더불어민주당과 정의당의 중립은 무엇이고, 국민의힘과 더 보수적인 단체의 중립은 무엇인가? 그렇다면 정의당과 국민의힘을 중립에서 다루려면 더불어민주당의 얘기가 무조건 옳다고 해야 하는 건가?

사실 정파성은 전 세계 모든 언론이 가지고 있다. 뉴욕타임스는 지난 2020년 미국 대선에서 조 바이든 민주당 후보를 공개 지지했다. 공개 지지를 넘어 미국을 생각하면 트럼프를 뽑지 말라고 유권자들을 대놓고 설득했다. 그래서 뉴욕타임스는 트럼프 전 대통령 지지자들로부터 정파적이고 편파적이란 비난을 받는다. 하지만 뉴욕타임스는 대체로 미국에서 신뢰받는 대표적인 언론으로 평가받고 있다.

정파성은 부끄러운 것이 아니다
중립적인 척, 왜곡하는 보도가 문제

한국 언론의 문제는 정파성, 더 구체적으로 말하면 '중립을 지키지 않고 누구의 편을 들고 있다'의 문제가 아니다. 누구의 편을 들면서 중립적인 척하는 것이 진짜 문제다. 언론은 서로 손가락질하며 저 언론이 편파적이라고 말을 하지만, 스스로의 편파성은 직시하지 못한다. 누구나 갖고 있는 정파성을 인정하지 않기 때문이다.

또 하나의 큰 문제는 한국 언론의 정파성에 철학이 빈약하다는 것이다. 애초에 정파성이 있다는 걸 인정하지 않으니 편집국이나 보도국 차원에서 이번 대선의 시대정신을 논의하거나, 첨예한 이슈에 대한 언론사 구성원들의 동의가 만들어질 리가 없다. 그냥 자기 마음에 드는 정치 세력이 누구나 욕할 만한 일을 하면 침묵하고, 마음에 안 드는 정치 세력이 욕먹을 일을 하면 앞장서 욕하는 것이 한국 언론의 특성이 됐다.

정파성은 숨길 일이 아니다. KBS나 연합뉴스 같은 공적 자금으로 운영되는 언론사는 사정이 좀 다르지만 그렇지 않은 언론사는 해당 언론사가 가진 지향점, 그리고 물러설 수 없는 가치를 독자들 앞에 명확히 밝히고 선거 때는 그 가치에 부합하는 후보를 지지한다고 드러낼 수도 있어야 한다. 그래야 독자들이 언론의 정파성을 인정하고 해당 매체의 보도를 비판적으로 수용할 수 있다.

사실은 사실대로 명확하게 있는 그대로 전달하되, 그 사실을 해석하고 분석하는 것은 언론사의 정파성에 따라 얼마든지 갈릴 수 있다. 실제로 한국 언론은 지금 그렇게 하고 있다. 본인들이 그 사실을 인정하지 않을 뿐이다. 어떤 언론은 더불어민주당을, 국민의힘을, 정의당을 지지하는 관점에서 특정 사실을 해석하고 분석할 수 있다. 어떤 언론은 장애인, 성소수자의 관점에서 사실을 해석하고 분석하며 이에 부합하는 공약을 낸 정당을 지지할 수도 있다.

언론이 부끄러워해야 할 것은 정파성이 아니라 지지하지 않는 정파라고 해서 있는 사실을 왜곡해 보도하거나, 아예 거짓을 보도하거나 하는 행위다. 어떠한 사실에 대한 해석을 달리할 때 서로 비평할 수는 있어도, 마치 정파성이 혐오스러운 것처럼 대할 필요는 없다. 그런 행위는 뿌리 깊은 정치 혐오를 부추기기도 한다. '엄정한 중립'이라는 존재하지 않는 가치를 지향하며 오히려 언론은 한국 사회에 꼭 필요한 공론의 장을 걷어차고 있다.

더 나아가 기자 개개인이 특정 후보를 지지할 수도 있다. 오히려 백여 명의 기자들이 몰려 있는 조직에서 특정 이슈에 단일한 목소리를 낸다는 것 자체가 있을 수 없는 일 아닐까? 물론 언론이 회사가 추구하는 가치를 분명히 밝히고 특정 정치 세력을 지지함으로써 해당 언론사에 집단의식이 만들어질 수도 있지만, 한국 사회의 갈등의 종류가 많아진 만큼 모든 사안에 대해 언론사가 단일한 목소리를 내는 건 불가능해졌다.

이제 언론사는 거대한 공통된 담론 아래서, 각론으로는 기자 개개인의 입장과 생각을 반영하는 플랫폼으로써의 역할을 수행해야 한다. 첨예한 갈등 사안이 터질 때마다 언론사 내의 한쪽 집단은 우리 회사에서 어떻게 저런 기사가 나갈 수 있냐고 비난하고, 또 다른 쪽 집단은 그 집단이 기사를 검열한다고 비방하는 일이 자주 반복되고 있다. 갈등이 불거졌을 때 언론사가 이 갈등을 논쟁으로 풀어내는 공론장의 역할이 아니라 우리 매체에는 저런 기사를 낼 수 있다, 없다를 가지고 다투는 일이 잦아졌다.

논쟁이 필요하다면 매체와 지면 안에서 드러내고 서로의 의견을 듣는 것에 익숙해져야 한다. 갈등이 벌어졌다면 독자들에게도 갈등의 실체를 보여주고 정제된 기사와 논설로 숙의하는 과정이 필요하다. 한국 사회는 그것이 부족하고 한국 언론 역시 그런 과정 없이 집어 던지고, 치고받는 과정으로 갈등을 해소하려 한다.

부서가 아닌 소규모 팀 체제로의 전환, 수직이 아닌 수평적 구조로 조직문화가 바뀌면 갈등이 벌어졌을 때 처리하는 방식도 달라질 수 있을지 모른다.

"

독립언론이
되려면

언론이 독립성을 가지는 방법은
언론사의 경영진도 알고 있고,
기자들도 알고 있고,
독자들도 알고 있다.
좋은 콘텐츠를 만들어 팔아야 한다.

> 99

　언론의 생명은 독립성이라곤 하지만 '독립언론'이란 단어만큼 현실과 동떨어져 있는 단어도 없다. 언론은 무언가에 늘 종속돼 있었다. 독재정권 때는 권력에 종속돼 있었고 민주화 이후에는 기업에, 즉 '광고주님'에 종속돼 있었다. 지금은 포털에 종속돼 기생하는 처지다. 언론은 어디서나 '갑'의 행세를 하고 다니지만, 사실 자력으로 살아남을 수 없는 '을'의 처지이기도 하다.

　'독립언론'이란 개념은 무엇인가? 이 질문을 던지면 기자들은 아마 아무런 눈치를 보지 않고 기사를 쓸 수 있는 환경을 꼽을 가능성이 높다. 하지만 편집국 내부에 다양한 사람들이 있다는 것 자체만으로, 그런 환경이 만들어질 가능성은 제로에 가깝다. 그런데 '눈치'라는 것이 권력의 개입, 혹은 자본의 개입 같은 어떤 '외력'을 의미한다면 독립언론이란 언론사가 언론사 바깥 누군가의 결정으로 생존의 위협을 받지 않는, 자력으로 먹고사는 구조를 갖춤을 말할 것이다.

기업은 한국 언론에 '효과'를 노리고 광고하지 않는다. 특히 신문에는 더 그렇다. 기업이 한국 언론에 광고하는 이유는 일종의 '보험'이다. 광고를 통해 매체와 관계를 유지함으로써 나쁜 기사를 차단하기 위한 목적이 더 크다. 한겨레와 경향신문은 과거 김용철 변호사의 삼성 이건희 회장 비자금 폭로를 다뤘다가 이후 수년간 삼성으로부터 광고를 받지 못했다. 결국 기자들의 월급이 깎이고 순환 휴직을 하는 엄청난 고통을 감내해야 했다. 이런 형태를 독립언론이라 부르긴 어렵다.

물론 언론의 생존을 독자들로부터 찾으려는 노력이 아예 없었던 것은 아니다. 오마이뉴스는 창간 이후 10만인 클럽 제도를 만들고 시민기자 제도를 통해 독자들의 참여를 유도하며 콘텐츠를 다양하게 구축하는 1석 3조의 효과를 노렸다. 프레시안은 협동조합으로 전환해 아예 독자를 회사 운영의 주체로 만들었다. 한겨레는 최근 구독을 넘어 후원제를 도입했고, 조선일보와 중앙일보는 포털이 아닌 자사 홈페이지로 독자들을 유인하기 위해 경품을 내걸기도 했다.

성공한 사례도 분명히 있다. 뉴스타파는 많은 후원자가 정기적으로 내는 후원금을 바탕으로 안정적으로 양질의 콘텐츠를 생산하고 있다. 하지만 몇몇 매체를 제외하고 독자들을 대상으로 돈을 벌고자 했던 대부분의 시도들은 실패로 끝났다.

그 이유는 분명하다. 거듭 말하지만 독자들이 돈을 주고 뉴스를 볼 이유가 없기 때문이다. 포털에서 공짜뉴스를 뿌리는 현실에서 돈이 아깝지 않을 기사를 생산하는 것은 모험이고 손해다. 돈을 주고 볼 만한 기사를 만드는 것은 확실치 않은 수익원이지만, 당장 눈앞의 포털 수익은 확실하기 때문이다.

후원제를 모색하는 언론이 있지만 후원제는 쉽게 생각할 제도가 아니다. 생계도 빠듯한데 언론에 후원까지 하는 분들은 대체로 정치에 관심이 많은 이른바 '정치 고관여층'이다. 이분들은 언론을 소비하는 데 있어 상당히 비판적인 관점을 갖고 있다. 그런 분들은 언론에 충성 독자가 되기도 하지만, 언론사가 매번 좋은 기사만 쓰는 것도 아니다. 때로는 실수를 하며 독자들과 관점이 다른 보도도 한다. 그럴 때마다 후원자들과 기자들의 충돌이 벌어지곤 한다. 후원자들은 이해도 안 되고 납득도 안 되는 기사를 쓰는 언론에 후원할 필요가 없다고 느끼고, 언론은 그런 독자들을 쓴소리를 받아들이지 못하는 정치적으로 올바르지 않은 사람들이라고 쉽게 생각해 버린다.

또 애초에 언론에 후원까지 할 만한 정치 고관여층 자체가 많은 것도 아니다. 후원제를 하려는 언론에 비해, 언론에 후원할 마음을 갖는 분들은 턱없이 적다. 그러다 보니 소규모 언론사는 후원제가 하나의 생존 모델이 될 수 있지만, 규모가 큰 언론사에서는 후원제 모델이 성공하기 어렵다.

규모가 큰 언론사는 편집국 내부 의견을 모으는 일도 쉽지 않은데 어떻게 독자 의견까지 받아 안을 수 있겠는가? 또 후원금이 전체 운영비에 차지하는 비중이 적다 보니, 광고도 팔아야 하고 광고를 위해 기사도 써야 하는 일이 생긴다. 이런 행위는 후원자들을 실망시키고 소외감을 불러일으키곤 한다.

결국엔 양질의 기사
다채널 접근이 답이다

그렇다면 독립언론의 길은 없을까? 언론은 평생 기업 광고에 의존하고 포털에서 떨어지는 수익에만 목을 매야 하는가? 그렇지 않다. 한국 사회는 자본주의 사회고 자본주의 사회는 상품을 팔아 수익을 얻는다. 언론사도 독자들에게 상품을 팔아야 한다. 언론사의 상품은 기사다. 양질의 기사를 써서 독자들을 유인해야 한다. 어설픈 유료화나 후원이 아니라, 돈을 주고

사 볼 만한 기사를 써야 한다. 전혀 불가능한 일은 아니다. 사실 포털이 등장하기 이전에 뉴스는 돈을 주고 사는 유료 콘텐츠였기 때문이다.

포털의 틀을 벗어나 스스로 콘텐츠를 팔아야 한다. 대형 쇼핑몰에도 맛집은 많지만 확실한 메뉴를 가진 노포에 더 손님이 몰리는 법이다. 주차가 불편해도, 기다려야 해도 기꺼이 감수하며 단골이 된다. 물론 그 방식이 다시 새벽마다 신문을 밀어 넣고 9시 정각에 맞춰 뉴스를 틀어주는 것은 아니다. 그 유효기간은 이미 끝났다.

독자들이 모여있는 다양한 곳에 다양한 방식으로 뉴스를 꽂아 넣어야 한다. 유튜브로, 이메일로, 카카오톡으로 뉴스를 밀어 넣어야 한다. 그리고 그 뉴스는 '읽을 만한 것'이어야 한다. 독자의 삶에 도움이 되는 새로운 소식, 그리고 뒤죽박죽 포털 피드와 대비될 수 있는 맥락 있는 뉴스여야 한다. 매체의 관점을 명확히 제시하고 사안에 맞는 해석과 분석을 내놔야 한다.

방식도 다양해야 한다. 다큐멘터리나 예능으로도 뉴스를 만들 수 있다. 물론 전통적인 텍스트 기사는 기본이다. 사실 무엇이 됐든 좋은 콘텐츠가 몰려 있다면 독자들은 기꺼이 지갑을 연다. TV만 틀면 다양한 콘텐츠들이 방송되고 있지만 넷플릭스는 독보적인 오리지널 콘텐츠로 유료화라는 불가능해 보이던 전쟁에서 승리했다.

　독립언론은 불가능한 것이 아니다. 독립언론이 나오지 않는 이유는 언론이 하지 않기 때문이다. 언론이 독립적이 되고 신뢰받을 수 있는 방법은 언론사의 경영진도 알고 있고, 기자들도 알고 있고, 독자들도 알고 있다. 좋은 콘텐츠를 만들어 팔아야 한다. 그런데 포털의 품 안에서 미래 없는 시스템으로 매일매일 앞만 보고 달린다. 적도 없는 전장에 배수진을 치고 앞다퉈 물에 뛰어들고 있다.

INTERVIEW

**공영 미디어의 과감한 변화와
개인 저널리스트 등장이 희망이다**

정준희

공영 언론을 주목하는 언론학자이자 미디어 비평가. 한양대학교 정보사회미디어학과 겸임교수. KBS 〈저널리즘 토크쇼 J〉에 출연해 날카롭고 논리적인 언론 비평으로 크게 주목을 받았다. 2022년 현재 KBS 〈열린토론〉과 MBC 〈100분 토론〉 등 한국 대표 토론 프로그램의 진행자로 맹활약하고 있다.

2018년 시작된 KBS 미디어 비평 프로그램 〈저널리즘 토크쇼 J〉는 여러모로 화제를 남겼다. 우선 미디어포커스, 미디어비평, 미디어인사이드 등으로 명맥을 이어오던 KBS의 미디어 비평 프로그램이 2년 만에, 그것도 KBS의 핵심 콘텐츠 중 하나로 돌아왔다는 측면에서 그랬다.

언론은 세상 모든 이슈, 심지어 연예인의 사생활까지 검증 대상이라고 부르짖었지만 정작 언론계에서 벌어지는 수많은 비리와 부조리는 침묵하고 모른 척 해왔다. 언론을 비판하고 취재하는 언론은 소규모 미디어전문지 정도였을 뿐이다. 그런데 KBS라는 국내에서 가장 큰 언론이 언론을 비판하겠다니 화제가 될 수밖에.

또 색다른 형식도 주목을 받았다. 그동안의 미디어 비평 프로그램들은 언론사가 가공하는 세상의 모든 뉴스와 마찬가지로, 솔직히 재미가 없었다. 전형적인 미디어 비평 프로그램을 상상해보자면, 아나운서 출신 MC와 언론학 교수님들이 출연해, 자료화면을 틀어가며 무슨 말인진 모르겠지만 멋있어 보이는 대화를 나누거나, 시청자들이 직접 출연해 약간은 어색한 말투로 그럭저럭 언론사가 기분 나쁘지 않을 정도의 얘기를 하는 게 떠오른다. 그런데 '저널리즘 토크쇼 J'는 연예인도 출연하는 '떼토크' 형식의 쇼를 기획했다. 눈길이 갈 수밖에.

기대를 모았던 이 프로그램이 방송된 후 가장 큰 화제를 모은 건, 단연 한 언론학자의 존재감이었다. 이 언론학자는 다른 학자들이 그렇듯, 재미없고 어려운 단어들을 폭포수처럼 쏟아냈는데 푹푹 찌는 여름날 쏟아지는 폭포

같은, 강렬한 시원함이 있었다.

사실 누구나 공짜로 뉴스를 접하는 현대 사회에 언론은 거의 모든 국민이 매일 접하고 소비하는, 필수품 아닌 필수품이 됐다. 그러다 보니 많은 사람이 한국 언론의 문제점을 매일 목격하고 몸으로 체감하고 있다. '언론이 이러면 안 된다', 누구나 이런 생각 하나씩 갖고 산다.

그런데 막연하게 느껴졌던 '언론이 이러면 안 되는' 비판의 지점을 정준희 교수가 이론을 바탕으로 논리정연하게, 그리고 정확하게 찔렀다. 등이 간지러워 긁으려고 하는데 손이 잘 안 닿을 때가 있다. 그런데 누군가의 손이 그 가려운 지점에 정확히 닿았을 때 시원한 쾌감이 몰려온다. '저널리즘 토크쇼 J'의 패널들이 언론 소비자 입장에서 가려운 곳을 얘기할 때마다, 정준희 교수의 손은 정확하게 그 지점을 짚었다. 그러니 저널리즘의 미래를 고민한다면 정준희 교수의 이름이 떠오르고 그 언론학자의 혜안이 기대될 수밖에 없다.

한국 언론이 위기인가? 사실 늘 위기 아니었나? 지금의 위기는 과거의 위기와 뭐가 다른가?

▶ 일반적인 이야기이긴 한데 예전에는 '비즈니스의 위기'였다. 신문에서 방송으로, 또 인터넷이 등장하는 변화를 겪으면서 언론은 먹고사는 문제에 위기를 느꼈다. 물론 지금도 비즈니스 측면에서 위기는 위기다. 그래도 이제 언론이 나름의 적응법을 찾은 것 같다. 비즈니스의 위기가 언론사가 사라질 정도의 위기는 아니다.

비즈니스가 중요한 이유는 저널리즘의 퀄리티를 보장하기 위해서다. 기자가 광고 영업을 안 하고, 편집권 독립을 보장받기 위해서는 돈이 중요했다. 즉 저널리즘을 위해 비즈니스가 필요했던 건데, 지금 '저널리즘을 위한 비즈니스 모델'은 망했다. 이건 지속 불가능한 상태가 됐다.

언론이 변화에 적응한 방식은 뉴스 퀄리티를 희생하는 형태였다. 좋은 저널리즘, 독립적 저널리즘을 위한 비즈니스 모형의 위기는 상당 부분 현실화가 됐다. 그리고 이와 결부돼 신뢰의 위기가 찾아왔다. 언론은 더 이상 신뢰받지 못하는 존재가 됐고, 이를 반전시킬 계기도 안 보인다.

지금 언론은 '정보 공급자'로서의 지위는 유지하고 있다. 읽지는 않는데 의존하는 것. 일상적으로 정보를 접하는 가장 대표적인 대중적 출처라는 지위라는 측면은 유지되고 있다. 하지만 그것도 전문성 있는 정보는 약화 됐고 소프트한 스낵 콘텐츠, 휘발되는 정보의 출처라는 지위는 유지되거나 강화됐다. 왜냐면 완전히 공짜가 됐기 때문에. 또 (포털을 통한) 정보 접근성이나 도달성이 더 커졌기 때문에.

왜 이렇게 됐을까 고민해보면 결국, 저널리즘에 앞서 비즈니스 모델부터 찾았기 때문이 아닐까?

▶ 산업구조의 변동, 매체를 둘러싼 환경의 변동 등 구조적인 요인은 맞다. 매체의 진입 장벽이 낮아졌기 때문에 다양한 매체가 들어왔는데 그들이 각자 전문적인 영역을 개척해 생존하는 방식이 아닌, 다 똑같은 정치 뉴스 위주의 '일반적인 언론' 형태로 엇비슷해져 버렸다. 언론은 많지만 차별성이 사라진 것이다. 그 문제가 크다. 포털이나 플랫폼의 문제로 연결 짓는 것은 오히려 부차적인 이야기다.

그래도 포털이 뉴스를 가두고 제목이나 눈에 띄는, 그저 그런 뉴스만 부각해왔던 것이 언론 신뢰 위기로 이어진 결정적 원인 아니었을까?

▶ 포털이 한국에서 정착하게 된 것은 한국적인 특성이다. 플랫폼 영향력이 커지는 것은 세계적 추세지만, 포털이 '뉴스 공급자' 또는 '뉴스 중간 매개자' 역할을 하는 건 특이한 케이스다. 이것은 언론도, 포털도, 그리고 이용자도 의도한 것은 아니었을 것이다.

결과적으로 이용자들이 값싼 정보에 아무 때나 접근할 수 있게 됐고, 그런 면에서 정보 접근의 기회는 증가시켰다. 그러다 보니 다양한 언론의 등장을 도와준 면도 있다. 하지만 동시에 똑같은 언론이 양산하게 됐고, 그 똑같은 언론도 '노출' 경쟁에 뛰어들었다. 결국 트래픽 위주의 광고 구조가 만들어졌다.

이런 구조는 양질의 비즈니스 원천이 되긴 대단히 어렵다. 또 이런 구조가 언론이 기존에 유지하고 있던 비즈니스 구조를 붕괴시키는 데 작동한 것도 분명하다.

세계 시장을 대부분 장악하고 있는 검색엔진 구글은 유독 우리나라에서는 네이버에 밀려 기를 펴지 못했다. 왜 우리나라에서만 이런 형태의 포털이 시장을 장악했을까?

▶ 필연적이라고 말하긴 어렵다. 사실 초창기 포털 형태는 '야후'였다. 그리고 이 야후 모형을 경쟁력 있게 발전시킨 것이 네이버다.

영어권은 공개된 자료의 양과 질이 충실하기 때문에 검색만 가지고도 버틸 수 있었다. 검색을 잘해야 좋은 자료를 얻을 수 있는 것이다. 반면 우리나라는 공개된 자료나 정보의 양도 많지 않고, 질적으로도 그렇게 좋지 않았다. 그래서 사람이 개입해 새로운 자료를 만들어 포털에 모아준 것이다.

블로그나 카페가 융성하면서 포털은 정보를 구하는 관문이 됐다. 하지만 검색엔진은 그걸 못했다. 해외에서는 오히려 이렇게 모아놓은 정보는 그냥 '잡다한 것'이었고, 좋은 자료를 구하기 위해선 검색을 하는 게 나았다. 하지만 한국에서 포털은 유용했고 정보 공급자로서의 지위가 확고해졌다. 그러다 보니 그 안에 뉴스가 기생할 수밖에 없는 구조가 됐다.

사실 포털에 뉴스가 옹기종기 모여있으면 보는 사람 입장에서 편하긴 하다. 해외 뉴스 소비자 습관이 검색에 맞춰진 것이 오히려 더 신기하기도 하고.

▶ 물론 구글 내부에도 일부 뉴스나 정보가 존재하지만, 처음부터 검색이 습관이 되다 보니 정보의 원래 공급자에게 가는 게 익숙한 거다. 여기에 서구 국가들의 경우 뉴스나 신문 소비는 브랜드 충성도가 높은 편이었다. 그러다 보니 인터넷으로 정보가 이전하는 과정에서도 자연스럽게 그 브랜드의 홈페이지로 가게 된 것이다.

하지만 우리는 언론사에 대한 충성도가 높지 않은 상태고, 검색으로 정보가 잘 안 나오기도 하니까 하나씩 찾아보는 것보다는 모아 보는 것이 편했던 것이다. 이런 습관이 굳어지면서 외국은 정보를 찾아보는 능동적인 형태가 된 데 비해, 우리는 지극히 수동적인 뉴스 소비·정보 소비 습성이 만들어졌다.

습관이 된 것을 바꿀 수 있을까?

▶ 바꾸기 어려울 것이다. 포털이 검색 기능만 남기고 뉴스를 포기할 수 있을까? 다음카카오는 그렇게 하려는 모양인데 네이버는 그동안 뉴스 서비스에 투자해왔다. 포털은 뉴스 때문에 골치가 아프겠지만 그렇다고 버리긴 어려운 서비스다. 소비자도 마찬가지다. 똑같은 언론사 뉴스를 소비하더라도, 네이버로 보는 것이 훨씬 편하고 광고도 깔끔하다.

사실 외국도 어떤 일이 일어날지 모른다. 외국에서도 특정 뉴스 브랜드에 대한 신뢰도나 충성도가 하락하는 경향이 있다. 애플뉴스, 구글뉴스, 페북뉴스 같은 소셜미디어 플랫폼을 기반으로 뉴스를 읽는 습관이 생긴다면, 비슷한 길을 걸을 것이다. 더 중독적인 것은 수동적인 것이다. 외국이 변하면 변했지, 우리나라가 변하긴 쉽지 않을 것이다.

포털에서 언론이 얼마나 도덕적으로 타락할 수 있는지 보여주는 것이 2021년 연합뉴스 사태인 것 같다. 국가기간통신사로 세금을 받아 운영하는 언론사가 국민을 기만하며 광고를 기사로 속이고 포털에 공급해 돈을 벌었다. 이런 행위가 적발돼 징계를 받았음에도 포털을 비난하고, 자사 영향력을 동원해 탄압받는 언론인 척하기도 했다.

▶ 나 같은 언론학자가 서양의 발달 형태를 원형에 놓고, 한국 언론을 예측

하기 참 어렵다는 걸 보여준 대표적인 사례가 아닌가 싶다. 뉴스통신사는 각 신문사나 언론사에 기초적인 정보를 공급해주는 역할을 한다. 그런데 연합뉴스는 이런 해외 뉴스통신사와는 다른 형태를 띠고 있다.

연합뉴스는 포털과 만나면서 상승효과를 불러일으켰다. 막대한 기사 물량을 쏟아내면서 검색도 잘되고 찾아보기도 좋다. 어떤 면에서는 과도한 의견 개진이 적기 때문에 정보 값도 높다. 그래서 오히려 일반 언론사보다 포털에 적응을 더 잘한 것이다. 기존 언론사와 뉴스통신사가 시장에서 경쟁하는 사이가 됐다.

그런데 재판부가 또 연합뉴스의 손을 들어줬다.

▶ 그 판결은 상당히 잘못된 판단이다. 이 판결대로라면, 우리나라 언론의 모럴헤저드를 가속화시킬 수 있다.

우리 사법부는 언론사를 무서워한다. 언론을 많이 이용하기도 하고, 두려워하고 미워하면서 흠모하기도 한다. 그것이 판결에도 영향을 준다. 그 결과 대체로 언론에 우호적인 태도를 취한다.

그걸 정당화하기 위해 '헌법적 언론 자유'라는 개념을 끌어온다. 사법부는 언론 자유의 최후의 보루로서, 언론 자유가 대체로 행정부와 언론사의 관계이기 때문에 행정부를 저지해야 한다는 신념을 갖고 있다. 이런 신념이 틀린 것은 아니지만, 문제는 사법부가 다른 기본권에 대해서는 그렇게 인권 친화적이지 않다는 것이다. 그런데 언론에 대해서는 독재정권 시절 처해 있던, 과거 약자의 관념으로 보고 있다.

또 사법부는 비즈니스의 자유, 기업의 자유, 영리 추구의 자유를 중요하게 생각한다. 그래서 네이버라는 독점적 사업자가 과도한 계약관계를 맺어서 원천적으로 한쪽에 불리한 계약이라는 판단을 내린 것이다. 언론은 약자고 네이버는 강자라는 거다. 약자의 손을 들어준다는 정당성을 내세우는 건데, 언론사가 광고와 기사를 혼동하게 해서는 안 된다는 대원칙에 대해서는 이해가 대단히 떨어지는 것이다. 언론 자유를 보장하는 핵심적인 이유는 언론이 제공하는 정보의 훼손이 이뤄져선 안 된다는 대원칙에 있음을, 이해하지 못한 판결이다.

최근 포털에 대한 주요 비판 중 하나가 '정파적'이라는 것이다. 네이버는 누구 편, 다음은 누구 편, 그런데 요새는 다음도 누구 편…… 이런 주장들이 횡행하고 있다.

▶ 포털의 정파성은 여전히 음모론에 가깝다. 음모론의 핵심은 입증이 불가능하다는 데 있고, 포털 뉴스 편집 알고리즘의 작동 원리를 우리가 잘 모르기 때문에 음모론은 사라지지 않을 것이다. 그런데 가만히 생각해 보면 포털 경영진이 특정 진영에 유리한 뉴스를 편집하라고 요구해왔다면, 과연 그 긴 시간 동안 내부고발자 한 명 안 나왔을까?

아폴로 11호를 둘러싼 음모론을 반박하는 주요 논리 중 하나가 달 음모론 쇼를 만드는 비용이 달에 가는 비용보다 비싸다는 것이었다. 포털 역시 특정한 의도나 정파성을 갖고 뉴스 편집을 관리할 때 드는 비용이, 방치할 때 비용보다 크다. 또 그렇게 해서 특정 정파가 집권한다고 포털이 큰 이득을 볼 것도 없다. 그런 주장은 판단할 수 없는 문제로 접어두는 것이 맞다.

그렇다면 이 문제는 정파성과 선정성을 유지하는 언론사의 문제로 봐야 한다. 언론사가 그렇게 제목을 다는 것이다. 노출이 많이 되도록 정파성과 선정성을 강화하는 방향으로 가는 것이다. 언론사 자체가 정파적이고. 사실 냉정하게 보면 한국에 보수 언론이 더 많다.

언론을 비판하는 많은 사람이 출입처 문제를 꼽고 있다. 언론 신뢰의 위기에 출입처 제도는 어떤 영향을 미쳤는가?

▶ 주요변수는 아니지만, 상당한 매개변수다. 언론은 정치 엘리트에 비해 열등하지만 독과점을 보장받았다. 권력은 취재 특권을 보장해 왔고, 고급 단독 정보를 소수의 존재가 얻을 수 있는 시스템으로 만들어 왔다. 그럴 수 있었던 것은 언론이 몇 개 안 됐고, 언론사를 하려면 허가를 받아야 했기 때문이다. 하지만 지금은 상황이 바뀌었다. 허가제가 아닌 승인-등록제로 바뀌면서 언론이 많아졌는데, 특정 출입처를 특정 언론에게만 보장하는 건 분명 문제가 있다.

출입처 제도를 주장하는 기자들의 논리는 "언론사가 많아졌다고 다 취재를 허용해줄 수는 없지 않느냐"는 것이다. 그리고 이는 일정 자격을 가진 언론에게 취재 기회를 주는 것이 국민의 알 권리를 보장하는데 더 낫지 않냐는 관료의 논리 또는 필요와 같다. 그리고 관료는 기자들에게 출입기자 제도를 떠넘기고, 기자단은 아주 조금씩만 더 기회를 보장하는 식으로 카르텔을 유지해 나갔다.

그러다 보니 질적 경쟁이나 취재력 경쟁이 아니라, 출입처 사수 경쟁이 됐다. 더 나아지려는 마음은 없고 출입처만 들어가면 반 이상 먹고 들어가는 것으로 통쳤다. 출입처에 들어갈 수만 있으면 메이저로 대접받고, 좋은 정보를 얻고, 좋은 취재원과 관계를 맺을 수 있었다. 이는 언론사와 기자 개인에게 도움이 되는 이권 구조다.

기자들은 맨땅에 헤딩하는 것보다 비용대비 효과를 얻는 데 익숙해졌고, 언론사도 이걸 권장했다. 새로운 취재 형태나 다른 언론과 차별하겠다는 전략은 현실적으로 별로 쓸모없게 됐다. 그러니 독자들은 언론을 보고 차별성을 못 느낀다. 똑같은 기사가 단독으로 나오고, 부스러기에 양념 쳐서 먹고사는 구조가 되어 버렸다.

한국 언론의 구조가 사실 다 똑같다. 기자 개인이 언론사에 입사해서 정치부·경제부·사회부 부처를 뺑뺑 돌다가 언론사 안에서 계파가 형성되고, 계파에 따라 어느 부서에 들어간다. 그렇게 부장이 되고 승진하

는 구조다. 이건 언론사의 정파적 성향과 관계없다. 왜 이런 구조가 계속 유지되고 있을까?

▶ 그런 형태를 만들어낸 것이 출입처 구조고, 형태를 유지하는 데 확신을 주는 것도 출입처 구조다. 일반적인 관청이나 정치 엘리트들을 대상으로 뉴스를 만들어 먹고사는 것이 비용대비 효과가 높기 때문이다. 이 구조를 유지하는 한, 현재 언론사들의 조직 구조는 바뀌지 않을 것이다.

조직을 바꾼다고 내용이 바뀌는 것도 아니다. 내용을 바꿀 생각으로 조직을 바꿔야 하는데, 내용을 바꿀 생각이 없기 때문에 조직이 안 바뀌는 것이다. 내용 변화 없이 조직 구조만 바꾸면 위험도는 더 크다. 망망대해에 떨어진 상태가 된다. '난 어디서 무엇을 해야 하지? 누굴 만나 취재해야 하지? 어떤 저널리즘을 해야 하지?' 고민되는데 기존에 출입처 나가는 친구들은 계속 일을 하고 있으니까. 또 똑같은 내용 쫓아가며 쓰려고 해도, 정작 출입처가 없으면 힘든 것이다. '그럼 내가 왜 이 짓을 해야 하지?' 그런 생각이 들 수밖에 없다.

이런 문제점들이 한두 해 제기됐던 게 아니다. 논란이 될 때마다 여러 형태의 대안 미디어도 등장했다. 그런데 성공 사례도 많지 않다.

▶ 그래도 우리나라에서는 비교적 일찍, 대안 미디어의 가능성이 보였던

적이 있었다. 오마이뉴스가 대표적인 형태였는데, 2000년대 초반만 해도 오마이뉴스는 이른바 '시민 저널리즘'으로 미국에서도 주목받았다.

오마이뉴스가 상당히 의미 있었던 건, 기존의 취재 구조와 달랐다는 것이다. 프로 기자 몇 명이 있지만, 시민 기자들이 자신의 생활공간과 지역에서 만들어 올린 기사를 게재했다. 그중 뉴스 가치가 있다고 데스크나 대중들이 판단하면, 메인에서 중요한 뉴스로 소비됐다. 그러다 보니 기존의 취재 구조를 통하지 않아도 중요한 의제가 될 수 있었다.

그런데 '그걸로 어떻게 먹고살지?'란 문제가 생겼다. 아마추어 기자들이라고 해도 명예만으로는 유지될 수 없다. 보상 구조를 만들기 위해 백만인 클럽도 만들었지만, 실질적으로 비즈니스 구조를 지탱하긴 어려웠.

결국 광고에 의존하고, 출입처를 통한 정보 생산이 기본인 구조로 점점 이동했다. 지금 오마이뉴스를 실질적인 시민 저널리즘으로 보기는 어렵다. '완벽한 실패'라고 볼 수는 없지만, '한경오'(한겨레신문·경향신문·오마이뉴스)의 한 구성으로 들어간 것에 만족해야 했다. 기성 언론과 크게 다르지 않은 구조가 된 것이다.

모든 실험의 실패는 결국 '먹고사는 문제'로 귀결되는 것 같다. 포털 위주의 공짜뉴스가 뿌려지는 시대에, 뉴스를 만들어 먹고사는 게 불가능해진 것 아닌가?

▶ '사람들이 전문적인 정보에 관심이 있고 돈을 지불할 의지가 있다면, 우리 언론이 이렇게 됐을까?' 이것이 기성 언론의 변명이다. 중앙일보가 중앙선데이를 통해 깊이 있는 보도를 생산했지만 팔리지 않았고 트래픽도 적었다. 결국 아마추어와 다를 바 없는 정보를 양산하는 방식으로 기존의 프로패셔널 저널리즘도 바뀌었다. 이런 문제가 고민이긴 하다.

우리나라 독자들의 관습화된 뉴스 소비 방식은 '양념이 쳐진 것' 그리고 '오락적 선호'에 머물러 있다. 그래서 대안 언론을 표방하더라도 정파성이나 상업성, 선정성에 기대지 않으면 이 욕구를 충족시키지 못하는 것이다. 결국 그 함정에 빠져서 기성 언론의 정파적 행위와 비슷한 행동을 하거나, 인사이트 같은 매체처럼 정보 질이 높지 않은 콘텐츠를 양산해야 하는 상황이 됐다. 이 틈에서 대안 저널리즘을 고민하는 사람들이 길을 잃어버렸다.

방법이 없을까? 좋은 저널리즘을 하고도 먹고살 수 있는.

▶ 예전엔 여러 아이디어를 내고 제안도 했지만, 지금은 자신 있게 얘기할 수 있는 영역이 아니다. 그래도 예를 들자면 대표적으로 유료화 모델, 나는 그걸 제일 중요한 모델이라고 생각한다. 하지만 독자가 돈을 내도록 만들 새로운 형태는 없고, 언론은 버틸 자본도 없다. 자세도 안 돼 있다.

그런데 유료화가 반드시 옳은 것인가? 일본은 유료화가 성공적으로 안착했다. 일본 기성 매체는 거대한 출판기업이기도 하고, 방송도 갖고 있다. 연예 사업도 하는 복합 미디어그룹 형태. 이걸 굉장히 오래 했기 때문에 유료로 콘텐츠를 관리하는 방법에 익숙하다. 그래서인지 일본에서는 돈을 주고 신문을 보는 사람이 많다.

또 야후 재팬에서는 '메이저 뉴스'를 찾기가 어렵다. 일본의 기성 언론들도 문제는 많지만 일본 언어로 '가오'는 유지하고 있는데, 그 정보는 포털을 통해 대중에게 가지 않는다. 그래서 돈을 지불하고 보는 것이다. 특히 일본의 중산층 이상, 중년 이상의 사람들은 일본 언론이 제공하는 정돈된 정보를 접하는 데 익숙하다.

그런데 일본의 중간하층이나 젊은 층에는 그 정돈된 정보가 닿지 않고 있다. 이들은 야후 재팬에서 유통되는 질 낮은 정보를 접한다. 공짜니까. 조선일보 일본어판이 야후 재팬에서 인기 있는 이유는 공짜니까 그렇다. 이렇다 보니 일본에서는 정보 유통이 이중적 시장을 형성했다. 접하는 정보가 다르니 여론이 다른 방식으로 형성되고 있다.

그런 점에서 전 세계 유력 언론들도 유료화에 고민할 수밖에 없다. 언론이 가진 좋은 정보를 특정 계층에게만 비싼 값으로 제공해서, 시장 구조와 명성을 유지하는 것이 원래는 맞다. 하지만 그러다 보면 2중 시장, 3중 시장이 커질 가능성이 높다.

예를 들면 최근 미국의 '안티 백서'(코로나19 백신에 의구심을 갖고 맞지 않는 사람들)는 유력 언론을 보지 않는 사람들이 리드하고 있다. 그들은 백인 중하층이거나 젊은 층일 것이다. 젊은 명문대 학생은 그나마 좋은 신문을 보지만, 그렇지 않은 농촌의 저학력 젊은 층은 인터넷에 나오는, 무료이면서 정파적인, 비과학적 정보를 얻을 가능성이 높다.

그나마 우리나라는 그 정도는 아니다. 다 비슷한 정보를 접한다. 비슷하게 질이 낮아서 문제긴 하지만.(웃음) 한국의 이런 일반화된 구조가 오히려 미국이나 일본의 미래가 될 수도 있다.

하지만 이건 유료화라도 잘한 뒤의 문제다. 지금 정말 고민해야 할 것은 유료화가 가능은 한가의 문제다. 솔직히 가능한지는 모르겠는데 필요하다고 생각한다. 나는 그것이 저널리즘이 품질을 유지하는, 정말 유일한 길이라고 본다.

정말 쉽지 않다. 우리나라 국민이 문해력도 높고 대학교육을 많이 받는다고 하지만, 차분하고 냉정하게 정보를 선택하고 깊이 있는 정보를 추구하는 사람은 많지 않다. 이른바 엘리트라고 하는 사람들조차 한국어 정보는 네트워크나 동아리를 통해 얻지, 돈을 내면서까지 일반 언론에서 깊이 있는 정보를 얻지 않는다. 차라리 찌라시를 돈 내고 보지.

필요한 정보가 있다면 고급 정보·테크니컬한 정보는 해외 언론을 직접 구독한다. 여론 형성에 중요한 층으로 꼽히는 이들이 좋은 한국어 정보를 찾아 돈을 내며 소비하는 태도가 안 돼 있으니, 대중 독자층이 쫓아갈 곳이 없다. 엘리트층이 돈을 내고 보는 정보가 있다면 궁금해서라도 따라갈 텐데……. 그러니 초보적 형태의 저널리즘도 유지되지 않는 것이다.

이런 유료화 모델이 커다란 언론사 조직에서 구현되는 건 특히 어려운 것 아닌가?

▶ 그런 측면도 있다. 외국의 유료화는 주로 규모가 있고 유력한 언론사가, 10년 정도는 손해 볼 각오를 하고 작심하고 옮겨간 케이스다. 대표적인 게 뉴욕타임스나 파이낸셜 타임스인데 이런 매체들의 '영어'라는 무기가 있다. 해외 엘리트 독자들을 끌어모을 힘도 있고, 이를 통해 퀄리티를 유지하는 힘이 있다.

한국어는 조건이 좀 다르다. 영어에 비해 정보의 양도 부족하고 질도 높지 않다. 그래도 옛날보다는 나아졌다. 그러니 구글 검색 양이 최근 많아진 면도 있다. 하지만 쌓여진 정보로 뭔가 시도해볼 수 있는 상태는 아니다.

결국 읽을 만한 콘텐츠가 쌓이고 쌓여서 돈을 내고 볼 게 많아야 할 것이다. 그러자면 오랜 기간 버텨내야 하는데 이게 쉽지 않다.

▶ 오히려 우리는 규모가 작은 곳이 작심하고 성장하는 형태가 어쩌면 더 가능성이 높을지 모른다. 하지만 이게 오래 지속되긴 쉽지 않다. 그동안 여러 시도가 없었던 것은 아니다. 동인지(비슷한 사상, 취미, 경향 등을 바탕으로 소규모 인원을 대상으로 발행하는 잡지)적인 시도를 한 건데, 이후 구독자를 갖춰가고 비즈니스 모델을 민드는 데는 현실적인 어려움이 있었다.

결국 큰 매체가 해야 한다. 나는 한국에서는 중앙일보가 그나마 열심히 했다고 본다. 하지만 한국 언론의 사주는 그렇게 신념 있는 사람들이 아니다. 해외 언론의 경우 사주가 신념을 가지고 밀어붙이면 경영진이 바뀌고 기자들이 따라오는 리더십이 있다. 확실한 목표를 제시해주는 것이다.

그런데 우리나라 언론 사주는 그런 리더십이 없다. 상당히 정치적이고 조금 시간만 지나면 본전 뽑으려 생각한다. 그게 경영진에게 반영되고 저널리스트에게 반영되니, 장기적으로 작심하고 하는 프로젝트도 실패할 가능성이 높다.

독자의 지갑을 열자면 전문적인 콘텐츠가 필요하다. 그런데 최근 전문가들도 유튜브 같은 자기 플랫폼이 있으니, 독자들이 '찐 전문가'들이 무료로 제공하는 정보로 찾아가는 경우가 많다. 이런 시대에 기자들은 뭘 해야 하나?

▶ 책이든 신문이든, 한국에서는 좋은 정보를 돈 내고 보려 하지 않는다. 그러다 보니 점점 역량 있는 사람들이 저널리즘의 분야에서 성장하고 싶다는 생각을 하지 않게 된다. 결국 다른 데서 채가고, 정치권에서 채간다. 특히 한국 사회에서는 40~50대가 되면 지위가 중요한데, 저널리스트로는 먹고 살기 어렵다.

닭이 먼저냐 달걀이 먼저냐 같지만, 그래도 예를 들면 이진우 기자나 이동진 평론가, 이런 분들은 다 저널리스트였던 사람이고 범 저널리즘 틀 안에서 살고 있다. 특정 분야에 대한 취재력이 좋고 어떤 매체든 자신을 보여줄 수 있는, 강력한 팬 베이스를 가지고 있는 개인 저널리스트들의 존재가 거의 유일한 희망이라고 본다.

그런 분들이 버는 돈이 많아지고 영향력이 생겨야 한다. 그래야 그 모델을 지향하는 저널리스트가 나온다. 그런데 우리나라 언론사는 이걸 무척 싫어한다. 조직 안에서 생활하는 문화를 가지고 있고, 사람을 끌어 앉히려는 문화도 지니고 있다. 하지만 조직의 힘은 사라질 가능성이 높다. 모여 있다고 취재를 잘하는 것도 아니다.

새로운 시도를 해보려는 사람들을 자꾸 조직 안으로 끌어들이고, 주저앉히려고 한다. 그래서 불만이 쌓이면 하는 게 워싱턴 특파원을 보내주거나, 승진이나 월급을 올려 주는 것이다. 그건 개인을 망치는 일이다.

그러고 보면 어느 매체나 고민하는 점이, 기자들은 나이가 들면 일을 하지 않고 젊은 기자들이 성장하지 못한다는 점이다.

▶ 우리나라 조직문화에선 쉽지 않을 텐데 독특한 기자, 전문성이 있는 저널리스트들이 더 제멋대로 할 수 있도록 만들어주는 게 필요하다. 그래야 그 과정에서 능력 있는 사람들이 어떤 모형으로 성장할지 고민하게 된다. 기자가 서울대 경제학과 교수보다 특정 분야를 모를 수 있다. 그건 당연하

다. 기자가 강남성심병원 이재갑 교수보다 감염병에 대해 더 잘 알 수 없다. 하지만 기자의 전문성은 누가 제대로 '찐 전문가'인지를 알아보는 것이다. 누구에게 물어보면 제대로 나올지, 이 정도 선구안까지는 전문적 능력을 키울 수 있다.

그게 제일 중요한 문제다. 대부분은 그냥 출입처만 넘겨받고, 단톡방에서 전문가 리스트를 받아서 기사에 한두 마디 전문가 얘기만 붙인다. 스스로 특정 분야에 네트워크를 형성하고 안목을 키우고 알아보는 중요성을 생각하지 못한다.

나는 웬만하면 인터뷰를 하지 않는다. 어떤 기자들이 나는 어떤 식으로 써먹을지 아니까. 내가 말하는 의도를 상당 부분 이해하고 써줄 수 있다고 판단해서 정상근 기자와의 인터뷰에 응한 것이다.

그렇게 말하니 부끄럽다.

▶ 전문가들도 자신의 이야기를 잘 이해하고 대중에게 잘 풀어줄 수 있는 사람을 원한다. 기자로서 그게 훨씬 더 중요하고 필요한 일이다. 그래야 출입처가 아니어도 좋은 취재원을 가질 수 있다. 좋은 기자는 전문성이 좋은 전문가와 연결되고, 그들의 말을 제대로 대중에게 전달할 수 있어야 한다.

아까 말씀하신 것 중에 조직을 먼저 바꾸는 것이 아니라 내용을 먼저

바꿔야 한다고 했는데, 언론사가 바꿔야 하는 '내용'이란 무엇일까?

▶ 언론이 바뀌어도 기능은 사라지지 않는다. 언론의 핵심 기능은 취재와 해설과 의견이다. 이건 아무나 하는 것이 아니다. 특히나 취재는, 새로운 사실을 발굴해내는 것은 기자로서 훈련을 받아야 가능하다. 해설이나 분석은 전문가가 할 수 있지만 그걸 대중적인 언어로 만들어 퍼뜨리는 건, 전문가들이 하기 어렵다.

이 세 가지를 다 갖추면 좋겠지만, 그러지 못한다면 분업을 해야 한다. 연합뉴스는 의견을 내선 안 된다. 함부로 정치에 개입하면 안 된다. 연합뉴스가 제일 잘하는 것은 취재여야 한다. 물론 북한 문제는 연합뉴스가 스페셜함을 가지고 있는 분야니까 좀 다르다. 이렇게 언론사별로 취재·해설·분석·의견 중 어느 분야에 어떻게 치중할 것인가, 또 저널리스트는 스스로 어떻게 본인을 특화시킬 것인가, 나름의 타깃을 잡아야 한다.

지금 한국 언론은 취재도, 해설도, 의견도 특별하지 않다. 예전에는 그걸 할 수 있었던 존재가 언론밖에 없었기 때문에 살아남을 수 있었던 것이다. 지금은 어떤 유튜버가 해설을 더 잘하고, 어떤 유튜버가 의견을 더 잘 낸다. 더욱이 최근에는 유튜브에 제보가 많이 들어온다. 제보는 신뢰를 통해 들어온다. 기자들은 당연히 제보가 언론사로 올 것이라 생각하겠지만, 매체가 무너지니 그 안의 기자들 역량이 보이는 것이다.

이제 매체에 의존하고 조직에 의존해서 취재든, 의견이든, 해설이든 다 할 수 있다는 안일한 생각을 버리고 매체는 없다고 전제해야 한다. KBS든 SBS든, '내가 쓰면 무조건 100만은 본다' 이런 매체는 없다.

그런 점에서 '언론사'라는 조직은 지속 가능할까?

▶ 언론사도 상당 부분은 유지가 될 것이다. 다만 '로키'(low-key)로 먹고사는 방법을 획득하기 시작했다. 뉴스 생산은 기본적으로 저비용 구조다. 돈 안 쓰고 먹고사는 것에 이미 익숙한 상황이지만, 더 낮은 상황에도 익숙해질 것이다. 언론사 수가 이렇게 많아도 다 먹고살지 않나? 이 구조는 쉽게 깨지지 않을 것이다. 다만 욕은 먹겠죠?

의견·해석이 언론의 중요한 영역이긴 한데, 그것이 끼면 늘 '편파성' 논란이 따라온다. 언론이 정체성이 없을 수 없고 그 정체성과 정파성, 편파성은 어떻게 구분해야 하는가?

▶ 편파성, 정파성, 가치 지향성이 혼동돼 사용되는데 이 세 가지는 층위가 다르다. 예를 들어 가치 지향성은 편파나 정파로 얘기할 수 없는 고유한 영역이다. 언론은 원래 가치 지향적이어야 한다. "나는 몰가치를 지향해"라고 해도 그건 가치 지향적이다. "나는 오락성을 지향해", "공익성을 지향해"라고 해도, 다 가치 지향성이다. 좌파적, 우파적도 여기에 다 들어갈 수 있다.

특정 정파에 한정된 것이 아니다. 한겨레는 더불어민주당파가 아니고, 그렇다고 정의당파도 아니다. 정파적인 형태를 띨 수는 있지만, 한겨레는 진보적인 가치를 지향하고 있다. 이 가치는 드러내고 선언해야 한다. 이게 불명확해서 오히려 문제다.

정파성은 애매한 영역이다. 특정 당파나 정파, 정당, 인물과의 연결성이 강해서 그렇지 사실 정파적 색채를 띠는 것도, 그걸 드러내는 것도 큰 문제는 아니다. 이미 그렇게 다들 하고 있다. 이걸 '편파'라는 관점에서 비방하는 건, 서로 잡아 끌어내리는 정도의 비평이다.

특정인을 당선시키기 위해서, 혹은 누구를 '쉴드'치기 위해서, 당파 내에서 권력 다툼을 하는 것을 재현하는 방식은 정파성이 아니다. 가치가 투영된, 특정 정치적 지향의 관점으로 사건을 바라보고, 해설하고, 의견을 내는 것이 정파성이다. 이건 너무 당연한 것이다.

문제는 편파성이다. 이건 정보적 편파성과 연결된다. 내 가치를 정당화하기 위해 정보를 선별하고, 과장하고, 허위를 집어넣고…… 이건 저널리즘으로서 심각한 문제다. 우리나라 언론이 비판받는 것은 가치 지향은 불명확하면서 특정인 당선에 목을 매 정보를 편파적으로 보여주기 때문이다.

한국 언론에서 딱 하나만 바꿔 보고 싶은 것이 있다면?

▶ 내가 공영 미디어 전문가라서 그럴 수 있는데 연합뉴스, YTN, KBS, MBC

이런 공영적 형태의 언론사는 아직 돈이 있고 인력도 있다. 이런 언론이 명확히 차별화된, 내용적 지향을 가지고 빨리 변화해야 한다. 사실 다른 곳에는 관심이 없다. 왜냐면 이곳들이 그나마 할 수 있는 곳이고 가능한 곳이기 때문이다.

그런 곳에서 괜찮은 저널리스트 모형이 나오고 수익 모형도 만들 수 있다. 그러면 여기서 힌트를 찾아 민간 영역에서 쫓아갈 수 있다. 민간 영역에서도 "스타 저널리스트를 만들어 팬 베이스로 먹고살아 보자"거나, "그런 사람들을 영입해보자"라거나, "나도 종합 뉴스 말고, 주식이나 정책 분야에서 제대로 가보자"라거나…… 이렇게 민간 영역이 쫓아가면서 각자의 경쟁력을 가져야 한다.

그러면 저열하게 먹고사는 언론이 있더라도 믿을 만한, 돈을 지불하고 볼 만한 언론이 생긴다. 뉴스타파가 여기에 가깝다. 후원 모형이고 모두가 쫓아가긴 어렵겠지만, 후원으로 이렇게 퀄리티를 유지하고 사업을 확장하며 독립 저널리즘의 플랫폼을 만드는 것이 가능하다고 볼 수 있는 것이다. 아마 공영 미디어에 있던 분들이 나와서 과감한 시도를 했기 때문에 가능하다고 본다. 이렇게 특정 부위에서의 변화를 강력하게 기대하고 있다.

에필로그

돌아와요,
뉴스여

　내 직업이 어느새 뉴스를 쓰는 것에서 뉴스를 읽어드리는 것으로 바뀌었다. 일이 바뀌면서 삶도 많이 바뀌었지만 달라지지 않은 것들도 있다. 우선 뉴스를 쓸 때도 난 대단찮은 기자였고, 뉴스를 읽는 지금도 사실 난 대단찮은 기자다. 그리고 또 하나 달라지지 않은 것은, 뉴스를 쓸 때도 뉴스를 많이 읽어야만 했다는 것이고, 뉴스를 읽어드릴 때도 뉴스를 많이 읽어야만 한다는 점이다. 일어나서, 양치하면서, 직장 동료 없이 혼자 밥 먹으면서, 방송에 들어가기 전 시간이 좀 남을 때, 그럴 때마다 뉴스를 읽는다. 이 방송국, 저 방송국 옮겨가면서 차 안에서 뉴스를 듣는다.
　앉아서 뉴스 읽고 듣는 것이 솔직히 뭐가 힘들겠냐만 그 나름의 고충은 있다. 첫 번째, 정말 역설적으로 뉴스를 보고 있는데도 뉴스를 찾는 것이 무척 어렵다. 아주 기본적인 사실관계는 기사 하나만 검색해도 알 수는 있다. 하지만 때로 기사를 읽으며 궁금한 점이 생기기도 하는데 내가 원하는 정보를 담고 있는 뉴스를 찾는 것이 정말 쉽지 않다.

일례로 코로나19 거리두기로 4명 이상이 모이면 안 된다는 뉴스는 찾기 쉽다. 그런데 아이는 어떻게 하지? 장애인은 활동보조사가 있는 경우도 있는데 이럴 경우는 어떻게 하지? 기사를 읽으면서 세부적인 궁금증이 생기는 건 당연하다. 하지만 이 궁금증을 해소하려면 오랜 시간 뉴스를 검색해야 한다. 13세 이하 어린이 등 돌봄이 필요한 경우, 사적모임 인원 기준에서 제외된다는 보도를 찾는데도 꽤 시간이 걸렸다. 뉴스를 요약하는 데는 시간이 얼마 걸리지 않는데 이 정보까지 전달하기 위해 꽤 오랜 시간 검색을 해야 한다.

기사를 쓰는 기자에 따라 궁금한 점이 다를 수 있고 내가 궁금한 것이 대중 모두가 알아야 할 보편적인 관심사라고는 할 수 없다. 하지만 기사 10개를 찾으면 10개가 모두 동일한 정보를 담고 있다는 것, 이건 정말 문제가 있다.

두 번째 고충은 뉴스를 읽는 자체가 어렵다는 것이다. 한국 언론의 오래된 관습은 '숏폼'에 대한 집착이 너무 강하다는 것이다. 그럴 수밖에 없다. 방송사는 1분 30초의 리포트에 모든 정보를 버무려야 하고 신문은 기획기사가 아니라면 A4용지 반 장 이상을 넘기지 않는 경우가 대부분이다.

온라인으로 뉴스를 접하는 시대가 됐고 인터넷 매체도 많이 생겼다. 그래도 독자들이 긴 글을 좋아하지 않는다는 인식이 강하고 짧은 기사로 정확한 사실관계를 담아야 좋은 기사라는 고정관념은 편집국과 보도국 내에서 굳건하다.

짧은 건 좋은데 내용은 알게 써야 하는 것 아닌가? 정리된 기사가 아니라 그 순간순간 나오는 사실들만 기사로 쏟아내니 독자 입장으로선 이 이슈가 도대체 왜 논란이 되는지 알 수가 없다. 무슨 말인지 모르니 뉴스가 재미가 없고, 재미가 없으니 안 읽는다. 무슨 말인지 몰라 검색으로 맥락을 찾으려 해도 검색하면 다 똑같은 기사만 나온다. 이거 하나 알자고 금쪽같이 귀한 시간을 써야 하겠는가? 그냥 뉴스 안 읽고 말지.

하지만 나는 직업상 읽어야 한다. 심지어 매일매일 하루에 몇 시간씩 뉴스만 읽고 앉아 있는다. 심지어 그런 나도 뉴스의 맥락을 파악하기가 쉽지 않다. 물론 하루에 접하는 사건의 수가 너무 많기도 하고 머리가 지나치게 나쁜 탓도 있겠지만, 맥락 없이 팩트를 잘게 잘라 제공하는 한국 언론 보도는 정말이지 불친절하고 무책임하다.

구슬이 서 말이어도 꿰어야 보배다. 돌과 구슬을 나누고, 갈고 닦은 뒤 예쁘게 꿰어야 시장에 내놓을 수 있다. 세상의 모든 상품이 그렇게 공들여 만들고 힘들게 소비자의 선택을 기다리는데, 희한하게 뉴스만은 길 가다 발에 채이는 팩트만 있으면 그게 구슬이든 돌이든 일단 집어서 독자들에게 던진다. 독자들이 알아서 옥석을 구분하고 예쁘게 꿰어 만들라는 태도다. 결국 뉴스를 받아들이고 해석하는 사람은 독자라는 점에서 이해가 가는 측면도 있지만, 그래도 옥석 정도는 가려서 던져야 하지 않을까.

물론 뉴스 수용자로서의 지금 생각과는 별개로, 내가 공급자였을 때를 생각해 보면 나 역시 그다지 훌륭한 공급자는 아니었다. 취재기자 개인으로서는 유사한 이슈의 기사를 이어 쓰다 보니 쓸 때마다 반복하기 어려운 점이 있다. 취재기자 입장에서는 'A'를 쓰고 다음에 'B'를 쓰고 그다음엔 'C'를 쓰는 것이지, 기사를 쓸 때마다 'A', 'AB', 'ABC'를 다 쓸 수는 없다.

하지만 그건 취재기자의 생각일 뿐이다. 특정 매체 지면이나 홈페이지를 통해 뉴스를 소비하는 독자들은 많지 않다. 대부분 포털을 통해서 파편화된 뉴스를 소비한다. 그래서 언론은 최소한 과거의 기사를 링크해주거나 아니면 다양한 기술을 이용해 과거의 타임라인을 정리해 줄 필요가 있다. 뉴스는 쓰는 사람 중심이 아니라 보는 사람을 중심으로 써져야 한다.

 이것이 적지 않은 시간 언론에서 일해 오면서 늘 고민했던 주제다. 내가 기사를 통해 전하고 싶은 사실관계와 문제의식을 이 기사를 보는 분들이 이해할 수 있는가. 그리고 받아들일 수 있는가. 혹시 내가 전하는 내용이 사실과 다르면, 혹은 전체적인 진실의 한 부분에 불과하다면, 또 내 문제의식이 논리적으로 문제가 있다고 느껴진다면 어떻게 해야 하는가.
 내가 올곧은 기자고 정의로워서, 내가 대단해서 그런 고민을 하는 것은 아니다. 이 땅에서 밤낮없이 일하고 있는 수많은 기자들 역시 비슷한 고민을 하고 그 고민으로 괴로워하고 있다고 확신한다.
 하지만 대한민국 기자들은 그 고민을 해결할 방법을 찾을 시간이 없다. 다시 처음으로 돌아가 보자. 대한민국 기자들은 아침에 그날 기사를 보고해야 하고, 아침에 보고한 기사를 써야 하며, 동시에 발생하는 다른 기사를 처리해야 한다. 언론사는 기자들을 그렇게 굴려대지 않으면 기자들의 생계를 책임질 수 없고, 기자들은 그렇게 굴러가면서 기사를 어떻게 써야 하는가 생각할 시간적 여유가 없다. 나 역시 그랬다.
 고생은 고생대로 하는데 결과물은 최악이고 독자들의 피드백은 실시간으로 쏟아진다. 이런 최악의 결과물로는 세상을 나아지게 할 수 없다. 의욕이 떨어지고, 재미가 없고, 인생이 덧없고, 의미도 없어진다. 이러니 최근 언론사를 탈출하는 기자들만 많아진다. 그런데 정말 최악인 것은? 기술 하나, 자격증 하나 없는 기자 출신들이 이거 아니면 먹고살 길이 막막하다는 것이다. 아, 이건 정말 너무하지 않은가.

하지만 이번 생은 망했다고 탓만 하기엔 앞날이 너무나 길다. 무력감을 느끼기엔 기자들이 해야 할 일이 많다. '기레기' 소리가 포털 댓글창에 울려 퍼지고 있지만, 발품 팔고 고민을 거듭한 좋은 기사에는 여지없이 '기자님'이라며 경의를 표하는 댓글이 달린다.

청년 노동자가 산업 현장에서 죽어가는 부조리한 현실을 추적하면 노동자를 보호하는 법안이 만들어질 수 있고, 연인 간 폭력 범죄에 대한 기사로 피해 여성을 보호할 수 있는 특별 대책이 만들어질 수 있다. 국가 폭력으로 피해를 입고 몇 대에 걸쳐 고통스런 시간을 보내고 있는 작은 마을을 위한 특별법도 이끌어낼 수 있다. 대한민국 사회에는, 아니 민주주의 사회에서 기자는 반드시 필요한 존재다. 다행스럽게도 아직 많은 독자가 신뢰할 수 있는 정보 출처로 '언론'을 꼽고 있다.

달라져야 한다. 언론사가 달라져야 하고 언론사의 변화는 기자들이 만들어야 한다. 오랜 관습을 돌이켜보고 장점은 계승하고 문제점은 보완해야 한다. 누구도 대신 해주지 않는다. 누가 대신하려 하면 언론 탄압이라고 할 것 아닌가? 그럼 스스로 변해야 한다.

언론중재법 개정안을 둘러싸고 기자들의 반발이 거셌지만 일방적인 보도 속에서도 이 법을 찬성하는 여론이 80%에 이르렀다. 상황의 심각성을 인지하면서 부랴부랴 '자율규제 기구'를 만들겠다고 나섰지만 처한 환경이 다른 각각의 언론이 이를 따를 리 만무하다. 현재 처해 있는 저널리즘의 문제를 단박에 해결할 수 있는 뾰족한 수를 내는 것 자체도 불가능에 가깝다. 솔직히 자율심의 기구 같은 건 이미 2개나 있고 국가에서 법에 근거해 운영하는 규제 기구도 이미 2개나 있다.

변화의 주체는 기자들 스스로가 돼야 한다. 기사를 쓰려면 시간이 필요하다 항변하고, 포털 타임라인에 맞춰 찍어내는 컨베이어식 뉴스 생산을 멈추라 요구해야 한다. 뉴스통신사가 쓸 수 있는 기사는 과감히 포기하고 전문적인 식견을 키울 수 있는 시간과 교육을 요구해야 한다.

언론사는 위기감을 뼈저리게 느껴야 한다. 포털은 우산이 아니다. 당장 머리에 비는 안 맞아도 물은 턱 밑까지 차올랐다. 포털을 벗어날 수 없다면, 자사 홈페이지를 통한 뉴스 유통에 자신이 없다면, 뉴스를 전문적으로 하는 유통 플랫폼을 여러 언론이 머리를 맞대고 고민이라도 해봐야 한다. '뉴스 유통의 넷플릭스'를 만들어 독자들로부터 돈을 받고 정당하게 뉴스 콘텐츠를 팔아야 한다. 그렇게 자신 있게 돈을 받고 팔 수 있는 콘텐츠를 만들어 경쟁해야 한다.

정체성도 명확히 밝혀야 한다. 한국 언론의 문제는 정파성은 있는데 정체성이 없다는 것이다. 정체성이 있다면 정파성은 있어도 무방하다. 언론이 공개적으로 정치적 입장을 밝히면 독자는 이를 감안해 뉴스를 소비할 수 있다. 정파적이면서 '불편부당' 운운하는 것은 독자에 대한 기만이다. 각자 정파성을 기반으로 정책과 사회현상을 논쟁하고 토론해야 한다. 그게 공론장의 역할이다.

어려운 일임은 분명하다. 나도 특정 언론사에 있었다면, 매일 조회 수를 들여다보며 불안해하는 삶을 살고 있다면, 나 같은 사람이 주장하는 이런 얘기들을 보며 "거 한가한 소리나 하고 있다"고 혀를 찼을 수도 있다. 그러나 달라져야 한다. 그건 언론계에 있는 사람 누구나 느끼고 있을 것이다. 이대로는 유지될 수 없다. 그것도 다 알고 있을 것이다.

그렇다면 바꿔보자. 자, 이제 독자들에게 뉴스를 좀 달라.

언론 혐오 사회

초판 1쇄 발행	2022년 2월 22일
지은이	정상근
펴낸곳	(주)행성비
펴낸이	임태주
책임편집	이윤희
디자인	페이지엔
출판등록번호	제2010-000208호
주소	경기도 파주시 문발로 119 모퉁이돌 303호
대표전화	031-8071-5913
팩스	0505-115-5917
이메일	hangseongb@naver.com
홈페이지	www.planetb.co.kr

ISBN 979-11-6471-181-9 03330

※ 이 책은 저작권법에 따라 보호를 받는 저작물이므로 무단 전재와 무단 복제를 금합니다. 이 책 내용의 일부 또는 전부를 이용하려면 반드시 저작권자와 (주)행성비의 동의를 받아야 합니다.
※ 책값은 뒤표지에 있습니다. 잘못 만들어진 책은 구입하신 서점에서 교환해 드립니다.

행성B는 독자 여러분의 참신한 기획 아이디어와 독창적인 원고를 기다리고 있습니다. hangseongb@naver.com으로 보내 주시면 소중하게 검토하겠습니다.